Kegelklub

Von

Dr. Teddy Fuchs (Namen geändert)

Dem Books on Demand BoD Verlag zum Druck eingereichtes Full Manuskript vom 24. März 2023

© 2023, Teddy Fuchs
Herstellung und Verlag:
BoD – Books on Demand, Norderstedt
ISBN: 9783743127487

Kegelklub von Teddy Fuchs

Kegelklub von Teddy Fuchs

Abbildung 1 Titelbild 1 Rathaus Berlin-Reinickendorf

Abbildung 2 Titelbild 2 Kegelbahn des FSV Erlangen Bruck mit freundlicher Genehmigung des FSV. Es kamen nur Björn und Urs zu den Besuchswochenenden. Knut fehlte also beim Kegeln auf das Rathaus Berlin Reinickendorf

Kegelklub von Teddy Fuchs

Aus der Berliner Mundart: „Kind und Kegel" oder auch Beamte aus dem Amt kegeln.

Lieber guter Jugendamtclan

Schau mich nicht so väterlich an

Stecke meine Kinder ein

Ich will auch immer hübsch Kegler sein.

Gedicht 1 Lieber guter Jugendamtclan

Berlin Reinickendorf im Jahre 1997 folgende: Eine wahre Begebenheit. Namen sind zum Schutz der handelnden Personen geändert bis auf die Amtspersonen, welche ja zu ihrer Verantwortung stehen sollen

Inhalt

Widmung 11
Vorwort 13
Die Eltern-Kind-Entfremdung (Parental Alienation Syndrome PAS) .. 14
   Eltern-Kind-Entfremdung 14
   Ist jeder Kontaktabbruch eine Eltern-Kind-Entfremdung? 15
   Die Entstehungsgeschichte der induzierten Eltern-Kind-Entfremdung 20
   Die Situation des Kindes 22
Vorgeschichte 27
Das Salomonische Urteil versus Kaukasischer Kreidekreis 29
Der letzte Urlaub mit allen drei Kindern gemeinsam 31
   Der Ausreißer 31
   Heimweh zur Mutter 32
   Ein Selbstmordversuch von Björn 32
   Ein rührendes Bekenntnis von Knut zu seinem Vater 33
   Bingo und zwei Flaschen Sekt 33
   Eine Polizistenfamilie aus Büchen 34
   Üben für die Schule in den Ferien 34
   Rebellion von Knut und Björn 34
   Schwimmen üben für das Seepferdchen von Urs 34
   Die Heimreise 34
Die Väter Selbsthilfegruppe in Berlin-Kreuzberg 37

Kegelklub von Teddy Fuchs

Die Selbsthilfegruppe: Trennung-Scheidung-Neuanfang in Berlin-Spandau 38

Der Väteraufbruch für Kinder 39

Eine Demonstration vor dem Familiengericht in Kreuzberg 39

Eine Familientherapie 43

Mein Rechtsanwalt 43

Eine Psychotherapie nur für Urs 43

Treffen beim Jugendamt (Herr Schynol) 45

Dienstaufsichtsbeschwerde gegen Herrn Schynol 45

Familientherapie 45

Die Berliner Staatsanwaltschaft 47

Der Oberstaatsanwalt 47

Das Jugendpsychologische Gutachten 49

Kindesentführung von den Großeltern 49

Abbruch des Besuchsrechts und Stopp der Unterhaltszahlungen 51

Strafanzeige gegen das Jugendamt Hamburg wegen Widerstand gegen die Staatsgewalt 51

Eine Verfahrenspflegerin 51

Selbstmordversuch von Gisela 53

Romy magersüchtig 53

Kosten für die Verfolgungsjagd auf der Autobahn 53

Brief an das Bundeskriminalamt in Wiesbaden 54

Eine andere Geburtstagskultur 54

Änderung des Bürgerlichen Gesetzbuches BGB 54

Das Bundesverfassungsgericht Frau Jutta Limbach 54

Postkarten – Die Europareise 57

    Die Opposition 57

Pabst Besuch in Krakau 57

Holländischer Käse für die Linke 57

Woher die ganzen Adressen der Politiker? 61

Die Bundespräsidenten 63

   Roman Herzog 63

   Johannes Rau 64

Ein Kurztrip nach Ottawa 65

Der Kegelklub im Internet vernetzt 67

Brief an Herrn Michel Friedman 68

Besuch beim Landesamt für Verfassungsschutz in Hamburg 68

Besuch in einer Bundeswehrkaserne in Hamburg 69

Bowling spielen statt kegeln 71

Asylantrag in der US-Botschaft 72

Die Psychiatrien 73

   Hamburg Ochsenzoll 73

   Der 11.11. 2001 (Karnevalsbeginn) 74

   Anzeige wegen Widerstand gegen die Staatsgewalt 74

   Eine Demonstration vor dem Hotel Herbst 76

   ALLE NEUNE 77

   Berlin-Spandau-Griesinger-Straße 79

      Die Trennung von Gisela 79

      Beruflicher Neustart 81

      Der Tod meiner Mutter 81

      Arbeitsplatzwechsel und eine Fernbeziehung zu Agnes 81

      Fukushima 81

      Wahlbetrug 82

Kegelklub von Teddy Fuchs

Der Tod meines Vaters 84

Eine Magenoperation mit Folgen 84

Die Magenspiegelung 85

Uni-Klinik Köln Station 1 Griesinger 86

Uniklinik Erlangen (Kopfklinik) 86

Aufhebung der Betreuung 88

Wiedererlangtes Vertrauen in die Ärzteschaft 89

Ein Schlaganfall 89

Eine Reha für die Psychose 89

Rückkehr zu meinem niedergelassenen Psychiater 90

Der Tod meines Bruders 90

Ein anonymes Billigbegräbnis 90

Der Kontakt zu Knut und Björn derzeit 91

Der Kontakt zu Urs 91

Finanzieller Totalschaden 93

Nachwort 93

Anerkennung des Skandals um verschwundene Kinder 94

Ausblick 99

Feedback 99

Anmerkung 100

Ermahnung an FDP/SPD/Grüne und Linke 101

Glückliches Händchen 101

Biografie des Autors 103

Nützliche Adressen 105

Verein für humane Trennung und Scheidung eV 105

Väteraufbruch für Kinder eV 105

paPPa.com eV 105

    Regionale Gruppen 106

    Bund der Steuerzahler eV 106

Literaturverzeichnis 108

Abbildungsverzeichnis 109

Grafikverzeichnis 111

Stichwortverzeichnis 113

Kegelklub von Teddy Fuchs

Widmung

Allen Kindern, die an PAS leiden gewidmet. Von meinen Kindern sind das Knut und Björn. Aber auch Kinder wie Romy sollten bedacht werden. Frau Elster hatte in ihrer Kindheit ein ähnliches Schicksal wie Romy. Das wirkte sich auf ihre Beziehungsfähigkeit in der Ehe mit mir aus. Die neue Ehe von Frau Elster ist übrigens schon wieder geschieden. Auch deren gemeinsame Tochter leidet an PAS. Sicher ist es schwer, nach Trennung und Scheidung als Eltern gemeinsam weiter für die gemeinsamen Kinder Sorge zu tragen. Dass das geht, habe ich durch das Sekttrinken mit Frau Elsters neuem Lover Bernhard Kuckuck bewiesen. Auch Agnes hält Kontakt zu ihren verflossenen Beziehungen und das, obwohl sie kinderlos blieb. Zum Wohle der Kinder sollte man diese Mühe auf sich nehmen. Genau das beabsichtigte der Gesetzgeber mit der Änderung des BGB, wonach das gemeinsame Sorgerecht zum Regelfall geworden ist.

Kegelklub von Teddy Fuchs

Vorwort

Das „Parental Alienation Syndrome" PAS (Eltern-Kind-Entfremdung) ist eine schwerwiegende Erkrankung vor allem bei Trennungs- und Scheidungskindern, wo sich die Eltern nach der Trennung nicht auf gemeinsames Handeln (Umgangs- und Sorgerecht) für die Kinder einigen können. Häufig bricht der Kontakt zum Vater ab, obwohl es das auch umgekehrt gibt. Folgen sind häufig eine gestörte Beziehungsfähigkeit und dadurch erneute Scheidungen der Kindergeneration. Der Schaden ist meist heftiger als der von sexuellem Kindesmissbrauch. Obwohl die Eltern-Kind-Entfremdung freilich auch eine psychologische Form des Kindesmissbrauchs ist.

Weißt du wieviel Kinder leiden

An dem Parental Alienation Syndrome?

Gott der Herr hat sie gezählet

Dass ihm auch nicht eines fehlt

Weißt du wieviel Jugendämter fehlen

In ihren Entscheidungen über Sorge- und Umgangsrecht?

Der Kegelklub hat sie gezählet

Dass in den Disziplinarverfahren nicht einer fehlt

Gedicht 2 Weißt du wieviel Kinder leiden

Die Eltern-Kind-Entfremdung (Parental Alienation Syndrome PAS)

Hierzu aus dem Internet (hochstrittig.org, die freundliche Genehmigung zum Abdruck von Markus Witt vom 11. Juli 2022 liegt vor):

Eltern-Kind-Entfremdung

Unter (induzierter) Eltern-Kind-Entfremdung oder auch Parental Alienation (PA oder PAS) versteht man eine schwere Form psychischen Kindesmissbrauchs, in deren Folge Kinder zum Schutz vor ihrem betreuenden Elternteil (meist die Mutter) den anderen Elternteil (meist den Vater) ohne erkennbaren Grund ablehnen müssen.

Charakterisierend ist die Induzierung – die aktive Einflussnahme des betreuenden Elternteils auf die Wahrnehmung und Sicht des Kindes auf den anderen Elternteil (siehe Die 17 primären Entfremdungsstrategien des entfremdenden Elternteils). Aktiv bedeutet nicht zwingend, dass der betreuende, entfremdende Elternteil der Schädlichkeit seiner Handlungen bewusst ist. Häufig ist er überzeugt, nichts dazu beigetragen zu haben, dass es zum Kontaktabbruch gekommen ist.

Hinzu kommt, dass die Intensität und Feindseligkeit der Ablehnung des Kindes gegenüber seinem Elternteil schon irrationale Züge annimmt und bei objektiver Betrachtung keine angemessene Reaktion auf das Verhalten des abgelehnten Elternteils darstellt.

Grafik 1 Media-Tipp

Feindbild Vater: Das entfremdete Kind (FAZ)
Als wären Sie nie da gewesen (Zeit-Magazin)
Weil Du mir gehörst (SWR)
Trailer „Weil Du mir gehörst"
Geschichte eines Trennungskindes: „Meine Mutter belog mich mein Leben lang"

Ist jeder Kontaktabbruch eine Eltern-Kind-Entfremdung?

Es gibt unterschiedliche Gründe, weshalb der Kontakt zwischen Kind und Elternteil abbrechen kann. Insofern ist nicht jeder Kontaktabbruch auch eine Form von Eltern-Kind-Entfremdung, weshalb hier zu differenzieren ist.

Kontaktabbruch durch elterliche Kontaktverweigerung

Nach einer Trennung der Eltern kommt es immer wieder vor, dass ein Elternteil (meist der Vater) nicht nur den Kontakt zum ehemaligen Partner (meist der Mutter), sondern auch zum Kind abbricht. Auch dies kann eine Form der Kindeswohlgefährdung sein, da dem Kind ein wesentlicher Teil seiner Identität genommen wird. Es fehlt allerdings an der Induzierung.

Es wäre zu wünschen, dass in solchen Fällen der den Kontakt verweigernde Elternteil stärker in die Verantwortung genommen und ihm vor Augen geführt wird, welche Auswirkungen sein Verhalten für die weitere Entwicklung seines Kindes haben wird. Oftmals fehlt hierfür das entsprechende Bewusstsein. Beispiel Romy.

Kontaktabbruch aufgrund Fehlverhalten des abgelehnten Elternteils

Es gibt immer wieder auch Fälle, in denen Kinder aufgrund eigener Erfahrungen mit einem Elternteil den Kontakt ablehnen. Gewalt, Missbrauch oder andere schwerwiegende Traumatisierungen können dazu geführt haben. Auch hier fehlt es an einer Induzierung durch den betreuenden Elternteil. Für die Ablehnung sind auch bei objektiver Betrachtung durch Dritte schwerwiegende, nachvollziehbare Gründe erkennbar. Diese Kinder können über den abgelehnten Elternteil meist sowohl über positive als auch negative Erlebnisse und Erfahrungen differenziert berichten.

Kontaktabbruch durch „auseinanderleben"

In einigen Fällen leben sich auch Eltern und Kinder auseinander. Sei es durch die Entfernung oder aber grundlegend unterschiedliche Interessen oder mangelnde Fähigkeiten eines Elternteils, sich auf die Bedürfnisse des Kindes einzustellen. Das Kind kann seine Haltung in der Regel selbst nachvollziehbar erklären, seinen Elternteil mit positiven und negativen Eigenschaften beschreiben und zeigt meist auch ein, wenn auch eingeschränktes, Interesse am abwesenden Elternteil.

Kontaktabbruch aufgrund von Schuldgefühlen des Kindes

Ein Kontaktabbruch kann auch dadurch entstehen, dass das Kind selbst Schuldgefühle entwickelt. Wenn ein Elternteil die Familie für einen neuen Partner verlässt, der durch Kontakte des Kindes entstanden ist (z.B. über Klassen- oder Sportkameraden) und das Kind sich selbst als schuldig fühlt, dass sich die Eltern getrennt haben. Es kann aber auch Verantwortungsübernahme für den Elternteil sein, bei dem es überwiegend lebt und der erheblich unter der Trennung der Eltern leidet, was das Kind auch miterlebt. Um diesen Elternteil nicht noch weiter zu belasten und vielleicht auch aus der eigenen Sicht heraus, dass der gegangene Elternteil die Familie zerstört habe, wird dieser abgelehnt.

In solchen Fällen ist zumindest im Ausgangspunkt nicht zwingend eine Induzierung erfolgt und ein – zumindest aus der Sicht des Kindes – auch objektiv nachvollziehbarer Grund erkennbar. Solche Fälle können sich durch die Dynamik von betreuendem Elternteil und Kind aber schnell auch zu einer induzierten Eltern-Kind-Entfremdung entwickeln. Hier kann im frühen Stadium durch familientherapeutische Intervention noch gut einer längerfristigen oder dauerhaften Entfremdung entgegengewirkt und der Kontakt dauerhaft wiederhergestellt werden.

Grafik 2 Kinderherz zerrissen zwischen den Eltern

Um Abzugrenzen, ob es sich um Eltern-Kind-Entfremdung oder aber um eine andere Art des Kontaktabbruchs handelt, wurde von der amerikanischen Entwicklungspsychologin Dr. Am Baker ein 5-Faktor-Modell entwickelt, anhand dessen sich eine eindeutige Zuordnung vornehmen lässt. Dieses haben wir auf einer gesonderten Seite ausführlich dargestellt.

Unterstützen auch Sie die Kampagne „Genug Tränen!"

Die Entstehungsgeschichte der induzierten Eltern-Kind-Entfremdung

Es kann vermutet werden, dass es dieses Phänomen bereits seit Jahrhunderten gibt. Erstmals wissenschaftlich ausführlich beschrieben wurde es 1985 von dem US-Amerikanischen Psychiater Richard A. Gardner, der anhand von 99 untersuchten Fällen das „Parental Alienation Syndrom" beschrieb.

Aufgrund der Klassifizierung Gardners als Syndrom und methodischer Mängel wurden seine Ergebnisse zum Teil heftig kritisiert. Jedoch stellte sich schnell heraus, dass trotz anfänglicher methodischer Fehler die von Gardner beschriebenen Merkmale auch in weiteren, qualitativen Studien bestätigt werden konnten. Mittlerweile liegen weltweit über 1.300 Studien vor, welche die induzierte Eltern-Kind-Entfremdung und die Auswirkungen auf die Kinder ausführlich beschreiben.

Mittlerweile wurde durch die Weltgesundheitsorganisation (WHO) unter dem Diagnoseschlüssel QE 52.0 „Caregiver-child relationproblem" das Phänomen der Eltern-Kind-

Entfremdung auch in die weltweit gültigen Diagnoseleitfäden aufgenommen.

In Anlehnung an Gardner werden auch heute noch 8 Hauptsymptome für das Vorliegen einer induzierten Eltern-Kind-Entfremdung genannt (vergl. auch http://www.pas-konferenz.de/d/einfuehrung.html):

- Unbegründete Zurückweisungs- und Verunglimpfungskampagnen
- Absurde Rationalisierungen
- Fehlen von normaler Ambivalenz
- Reflexartige Parteinahme für den programmierenden Elternteil
- Ausweitung der Feindseligkeit auf die gesamte Familie und das Umfeld des zurückgewiesenen Elternteils
- Das Phänomen der „eigenen Meinung"
- Verleugnung von Schuldgefühlen über die Grausamkeit gegenüber dem entfremdeten Elternteil
- Übernahme „geborgter Szenarien"

Heute unterscheidet man überwiegend drei Formen von Eltern-Kind-Entfremdung:

- Der leichten
- Der mittleren
- Und der schweren Form

Während bei leichten Formen nicht zwingend alle Anzeichen vorhanden sein müssen, sind bei mittleren und schweren Formen alle 8 Anzeichen anzutreffen.

Die Situation des Kindes

Wenn Kinder von einem Elternteil gegen den anderen beeinflusst werden, geraten sie in einen sogenannten Loyalitätskonflikt. Sie lieben beide, müssen aber einen Elternteil ablehnen, um dem Konflikt mit ihrem Elternteil aus dem Weg zu gehen.

Abbildung 3 Isabell Varell, Schauspielerin und Moderatorin

Isabell Varell, Schauspielerin und Moderatorin:
„Meine Mutter hat uns den Vater entzogen und den Kontakt verboten.

Wir waren so aufgehetzt, ich durfte nicht den Kontakt zu ihm haben, ihn lieben oder mich freuen auf ihn. Das war einfach nicht möglich. Ich bin aufgewachsen mit Sätzen wie „Dein Vater ist ein Schwein". Das wird etwas mit mir gemacht haben, was ich damals nicht in Worte fassen konnte. Meine Mutter hat meinen Vater in mir erkannt, in mir gesehen und hat sich eigentlich an mir abreagiert mit ihren Rachegefühlen und mit ihrem nicht verzeihen können."

Aus: SWR Nachtcafe vom 25.09.2020
Foto: http://www.isabel-varell.de/galerie.html

Solches Verhalten ist bei strittigen Trennungen häufiger zu beobachten. Einige Kinder lösen dies, indem sie die „Mama-Welt" und die „Papa-Welt" voneinander trennen, also dem jeweiligen Elternteil nichts aus der „anderen Welt" erzählen.

Auch dies ist für Kinder bereits eine sehr belastende Situation. Sofern sie hier aber ausreichenden, am besten umfangreichen Kontakt zu beiden Eltern haben, um ihre eigenen Erfahrungen mit jedem Elternteil zu machen und die Eltern diesen „Schutzmechanismus" des Kindes verstehen und respektieren, ist es eine Situation, die handhabbar bleibt. Hier besteht die Chance, dass die Eltern mit etwas Abstand lernen, sich wieder auf die Bedürfnisse des Kindes zu konzentrieren.

Werden Kinder jedoch aktiv in den Trennungsstreit der Erwachsenen involviert, müssen sie Position gegen einen Elternteil beziehen und muss ihre Liebe zu einem Elternteil verleugnen, dann muss zeitnah interveniert werden.

Kinder können sich nicht alleine aus einer solchen Situation befreien. Hier müssen Eltern und Fachkräfte geeignete Maßnahmen zum Schutz des Kindes ergreifen.
(*, 2022)

Kegelklub von Teddy Fuchs

Vorgeschichte

Als mein Sohn Knut ein ein halb Jahre alt war und Björn unterwegs war, hatte meine Frau Elster einen Fruchtblasensprung im fünften Schwangerschaftsmonat. Sie musste bis zur Geburt von Björn im Krankenhaus liegen. Meine Eltern wollten einspringen und Knut für fünf Monate mit nach Hamburg nehmen. Das haben Frau Elster und ich abgelehnt, weil es sonst zu einer Eltern-Kind-Entfremdung zwischen Knut und uns gekommen wäre. Ich habe so etwas selbst als Kind erlebt, als meine Eltern mit meinem Bruder auf Mallorca Urlaub machten und ich bei meinen beiden Großmüttern in Hamburg zurückblieb. Ich habe meinen beiden Großmüttern nicht gehorcht und deren Autorität infrage gestellt, bin Bei Regen außer Haus gegangen und habe mit meinen Füßen in den Pfützen gespielt. Das ging so weit, bis ich eine satte Lungenentzündung hatte und bei über 40 °C Fieber der Notarzt kommen musste. Es könnte sogar TBC gewesen sein, denn bei der Geburt von Björn wollten wir Björn gegen TBC impfen lassen. Er war jedoch bereits positiv. Nach einem Test der Eltern war ich es auch.

Frau Elster und ich haben den Kontakt zu meinen Eltern abgebrochen und meine Schwiegermutter kam aus Lengerich nach Kreuzberg und half mir für Knut einen Kindergartenplatz bzw. Laufkrippe zu finden. Ich hatte in der Zeit Sonderurlaub für einen Monat und ging dann wieder arbeiten. Ich habe die Zeit mit Knut sehr genossen, habe mit ihm die Mutter Elster im Krankenhaus besucht, brachte Knut nachts zum Durchschlafen und sorgte für seine Sauberkeitserziehung auf dem Töpfchen. Später habe ich ihm das Zählen beigebracht, als wir nach Reinickendorf umgezogen sind und mit der U-Bahn täglich zum Kindergarten in Kreuzberg gefahren sind. Die U-Bahn fuhr unter Ostberlin durch ohne Halt an den Bahnhöfen. Wir haben die Bahnhöfe gezählt.

Soweit über eine sehr harmonische Zeit mit Knut. Mit Björn hatte ich eine sehr harmonische Zeit, als Urs geboren war. Die Berliner Mauer war gerade geöffnet worden und Frau Elster bat mich mit Knut und

Kegelklub von Teddy Fuchs

Björn Ausflüge zu unternehmen, damit sie Ruhe hat, um Urs zu stillen. Knut entschied sich bei Frau Elster zu bleiben und so reiste ich mit Björn allein nach Ostberlin, um Straßenbahn zu fahren. Einmal machten wir einen Ausflug rund um Reinickendorf herum. Wir fuhren mit der S-Bahn bis Hennigsdorf über Hohen Neuendorf. Von dort liefen wir durch den Wald an einer Kaserne der NVA vorbei in Richtung Spandau. Ein Motorradfahrer der NVA kam vorbei und fragte, was wir denn da im Grenzgebiet machen. Ich entgegnete: „Wir suchen Pilze." Er fuhr mit seinem Motorrad weiter und wir liefen Richtung Spandau. Der zerstörte Grenzzaun war inzwischen erneuert und wir mussten darüber klettern. Dabei halfen uns zwei französische Soldaten, denen wir erklären mussten, dass wir aus Berlin-West waren.

Einen Tag vor Björns siebten Geburtstag erklärte mir Frau Elster zum ersten Mal, dass sie die Scheidung wolle. Björn lag mit Morbus Perthes im Krankenhaus. Ich kämpfte damals dagegen an und wir gingen zu verschiedenen Eheberatungen. Unter anderem waren wir bei einer Nervenärztin, die Frau Elster zu einer Psychiatrischen Therapie und mich zu einer psychologischen Beratung schickte. Frau Elster drehte das eigenmächtig um und ging zu einem Psychologen, während sie mich zu einem Nervenarzt schicken wollte. Ich lehnte aber ab. Unsere Ehe verbesserte sich durch Frau Elsters Therapie zunächst. Nach drei Jahren wieder einen Tag vor Björns Geburtstag legte sie mir nahe, die Ehewohnung zu verlassen. Ich bat sie um Aufschub bis nach der Geburtstagsfeier.

Das Salomonische Urteil versus Kaukasischer Kreidekreis

Nachdem meine Frau Elster ein Küken von einem anderen Mann erwartete reichte ich beim Familiengericht die Scheidung ein.

Abbildung 4 Frau Elster und Herr Fuchs lernten einander 1984 im Tiffany's im Europa-Center Berlin kennen. Wir gingen dann noch auf einen Jasmin Tee zum Japaner

Wegen meiner 3 inzwischen erwachsenen Söhne, damals Knut Fuchs 12 Jahre, Björn Fuchs 10 Jahre und Urs Fuchs 8 Jahre wurde ich beim Jugendamt vorstellig. Der Jugendamt Mitarbeiter war Herr Olaf Schynol in der Teichstraße in Berlin Reinickendorf.

Herr Schynol erzählte das Märchen vom Kaukasischen Kreidekreis: Wer am stärksten an den Kindern zieht, bekommt die Kinder. Was er allerdings nicht erwähnte, ist dass seine Aufgabe sein müsse, einen Salomonischen Richter zu spielen.

Kegelklub von Teddy Fuchs

Kegelklub von Teddy Fuchs

Der letzte Urlaub mit allen drei Kindern gemeinsam

Abbildung 5 Knut, Björn und Urs im Urlaub. Die Ähnlichkeit mit Papa Teddy ist doch unverkennbar

In den Herbstferien 1997 fuhr ich mit allen drei Söhnen ohne Frau Elster nach Ungarn an den Plattensee. Mein Fehler war, dass ich die weite Strecke in einem Rutsch durchgefahren bin, statt eine Hotelübernachtung einzuplanen -Knut wollte möglichst schnell an den Urlaubsort. Die übermüdeten Kinder Björn und Urs stritten sich auf der Rückbank meines Autos um die besten Schlafplätze. Ich wollte den Streit schlichten und wandte mich an den älteren Björn. Dieser rebellierte und meinte Urs hätte angefangen. Mir wurden diese Kinderspiele zu bunt und ich fragte Björn „und wer hat mitgestritten?"

Der Ausreißer

Am Plattensee angekommen war es noch zu früh, in die Ferienanlage zu gehen und einzuchecken. Die Rezeption hatte noch nicht geöffnet. Wir stellten uns an die Fähranlage, um das Schiff anzuschauen. Dabei lief Björn weg und versetzte mich in Panik. Was wäre, wenn Herr Schynol davon erführe? Björn hatte gesagt er wolle nach Hause zu

Kegelklub von Teddy Fuchs

seiner Mutter laufen. Mit 10 Jahren hatte er natürlich keine Ahnung, wie weit die Strecke vom Plattensee nach Berlin ist.

Ich fragte meinen ältesten, was er meint wo Björn hingelaufen sei. Nachdem wir zweimal durch die Stadt gefahren sind und Björn nicht gefunden hatten, sagte Knut: „Der Björn hält sich sicher am Fähranleger auf." Dort fuhren wir hin und fanden den Ausreißer. Mir fiel ein Stein vom Herzen und Knut meinte ich solle Björn nicht bestrafen. Daran hielt ich mich auch, denn ich war überglücklich den Björn wiedergefunden zu haben.

Heimweh zur Mutter

Auf die Frage, warum er weggelaufen sei, antwortete Björn er wolle heim zur Mutter und ich solle ihn sofort dorthin fahren. Leider hatte ich mir an meinem Volvo Kombi auf der langen Strecke einen Auspuffschaden zugezogen und das Auspuffrohr schleifte auf der Straße. Ich erklärte Björn, dass ich zunächst das Auto reparieren lassen müsse und versprach, ihn danach nach Hause zu fahren, wenn er dann überhaupt noch wolle. Wir können aber mit der Mutter telefonieren und sagen, dass wir gut angekommen sind. Von der Autowerkstatt erfuhr ich, dass Ersatzteile in Budapest bestellt werden müssen und das dauert (zum Glück). Ich erzählte also Björn von dem Problem und hoffte, er würde sich bis dahin sehr wohl im Urlaub fühlen und gar nicht mehr nach Hause wollen.

Ein Selbstmordversuch von Björn

Endlich in unserem Bungalow angekommen packten wir unsere Sachen aus und erkundeten die Ferienanlage. Es gab ein großes Schwimmbad in der Anlage. Björn war schon immer interessiert am Wasser und ich hatte ihm das Schwimmen bis zum Seepferdchen beigebracht. Nach der ersten Nacht im Bungalow stürmt Knut raus und will schwimmen gehen. Ich ließ ihn ziehen, es war ja schließlich Urlaub.

Unser Bungalow war in zwei Etagen gebaut verbunden mit einer Treppe, oben die Schlafplätze. Björn, der mit 7 Jahren an Morbus

Perthes einer seltenen Kinderkrankheit erkrankt war und daher zwischenzeitlich im Kinderrollstuhl gesessen hatte will Knut hinterher stürmen und schreit dabei: Ich bring mich um; ich - besorgt um seine lädierte Hüfte - stürme hinterher und kann ihn gerade noch vor dem Sturz abfangen. Ich legte ihn auf den Rücken und hielt ihn fest. Er schreit weiter: „Ich bringe mich um!" Als Autofahrer weiß ich aus meinem erste Hilfe Kurs, dass man Personen in einem Schockzustand ohrfeigen muss, damit sie wieder zur Besinnung kommen (flacher Puls: Beine hochlegen und so weiter). Er bekam also eine sanfte Ohrfeige von mir und musste mir versprechen, dass er nicht springt. Dann ließ ich ihn schwimmen gehen. Die Ohrfeige sollte bei Herrn Schynol vom Jugendamt noch Folgen haben.

Ein rührendes Bekenntnis von Knut zu seinem Vater

Als Sicherheitsingenieur für Kernkraft hatte ich in Deutschland kaum noch eine Berufsperspektive. Die ganze Familie (auch Frau Elster) hatte sich deshalb Weihnachten zuvor darauf vorbereitet, nach Kanada auszuwandern. Die Kinder erhielten vom „Weihnachtsmann" Cassetten (auch Video) zum Sprachen lernen (englisch und französisch) und Frau Elster lernte die Provinzhauptstädte auswendig. Man wollte eigentlich sagen: Eine intakte Ehe, wenn man sich auf so ein großes Projekt mit offenem Ende wagt.

Knut, nun vom Schwimmen heimgekehrt, sagt zu mir: „Papa, wenn du nach Kanada gehst, komme ich mit, damit du nicht so alleine bist". Ich nahm ihn in den Arm, wissend, dass eine alleinige Auswanderung des Vaters nunmehr die Familie total und irreversibel auseinanderreißt und die Auswanderung insofern gestorben war und sagte in der Hoffnung auf einen Salomonischen Schynol: „Knut bleib lieber bei deiner Mama, die kann besser kochen als ich". An seinem Verhalten nach dem Ungarn Urlaub erkannte ich, dass ich Knut mit dieser Zurückweisung wohl für immer verloren hatte.

Bingo und zwei Flaschen Sekt

In der Ferienanlage gab es ein Abendprogramm: Es wurde Bingo gespielt.

Kegelklub von Teddy Fuchs

Wie das Schicksal es wollte, hatte ich Glück in meinem Unglück, was meinen Kindern widerfahren sollte. Ich gewann zweimal eine Flasche Sekt, die ich freilich nicht mit meinen minderjährigen Kindern trinken konnte. Ich brachte die Flaschen mit nach Deutschland.

Eine Polizistenfamilie aus Büchen

Als Urlaubsbekanntschaft habe ich eine Polizistenfamilie aus Büchen kennen gelernt. Björn hatte sich mit dem Sohn der Familie angefreundet und unternahm mit meinem Einverständnis Ausflüge mit denen. Als mein Auto fertig wurde, hatte Björn kein Interesse mehr, zu seiner Mutter nach Reinickendorf zu fahren.

Üben für die Schule in den Ferien

Frau Elster hatte mir aufgetragen, mit den Kindern regelmäßig für die Schule zu üben. Natürlich nicht ohne Nebengedanken. Der Widerwille gegen die Schule sollte den Hass auf den Vater schüren. Ich habe es trotzdem gemacht, da ich Bildung für Kinder für wichtig erachte.

Rebellion von Knut und Björn

Statt für die Schule zu üben, schalteten Knut und Björn den Fernseher ein und übten Fratzen. Sie wollten, dass mir die Situation entgleitet. Ich habe den Fernseher ausgeschaltet – darauf haben sie ihn wieder angeschaltet. Dann habe ich selbst Fratzen gezogen und keinen Erfolg geerntet. Als Reaktion bin ich mit Urs zum Abendessen gefahren, Knut und Björn mussten sich allein aus dem Kühlschrank bedienen.

Schwimmen üben für das Seepferdchen von Urs

Urs, der sich nicht an der Rebellion beteiligt hatte, erhielt eine Belohnung, dass ich mit ihm schwimmen geübt habe. Am Ende des Urlaubs hielt er die geforderten 5 Minuten durch. Es fehlte nur noch die Prüfung, die seine Mutter natürlich verschlampt hat.

Die Heimreise

Die Polizistenfamilie aus Büchen hatte mir empfohlen über die Slowakei/Tschechien nach Berlin zu fahren. Das hat mich zwar Vignetten für die Slowakei und Tschechien gekostet, war aber

Kegelklub von Teddy Fuchs

wesentlich schneller, als über Österreich/Oberpfalz. Ich erreichte die ehemalige Ehewohnung einen Tag früher als verabredet. Die Kinder schliefen daheim in ihren Betten und ich habe mich auf die Couch im Wohnzimmer gelegt. Am nächsten Tag kam Frau Elster, entsetzt, dass ich in meiner ursprünglichen eigenen Wohnung geschlafen habe. Ich sagte ihr, dass ich in Ungarn zwei Flaschen Sekt gewonnen habe. Eine davon könnten wir gemeinsam trinken (-keine Aggressionen gegen die Mutter- nur gegen das Amt- siehe Schynol). Sie sagte den Sekt würde sie nicht mehr allein mit mir trinken. Notwendig sei, dass ihr neuer Lover Bernhard Kuckuck dazu käme.

Abbildung 6 Bernhard Kuckuck wie ich ihn beim Sekt kennen lernte [Genehmigung beim Fotografen beantragt]

So saßen wir nun zu Dritt und tranken Sekt, bis sie mich rausschmiss und den Schlüssel der gemeinsamen Ehewohnung per Gericht einklagte. Ihre Anwält*in* hieß Frey. Ich schickte den Schlüssel an: „Sehr *geehrter Herr* Rechtsanwalt…".

Kegelklub von Teddy Fuchs
Die Väter Selbsthilfegruppe in Berlin-Kreuzberg

Ich bin regelmäßig einmal in der Woche zur Väter-Selbsthilfegruppe gegangen. Dort erfuhr ich von dem Buch (Matussek, Die vaterlose Gesellschaft - Überfällige Anmerkungen zum Geschlechterkampf) und von dem Verein: „Väteraufbruch für Kinder". Außerdem habe ich ziemlich krasse Fälle kennen gelernt, wie Mütter den Vätern den Umgang und das Sorgerecht entreißen.

Kegelklub von Teddy Fuchs

Die Selbsthilfegruppe: Trennung-Scheidung-Neuanfang in Berlin-Spandau

Hier treffen sich Trennungsopfer gemischt geschlechtlich. Ich war allerdings der einzige Mann. Naturgemäß interessieren sich die Single Frauen für einen Neuanfang mit einem Mann. Da war eine Sophie, die ihre Zwillinge bei ihrem Exmann zurückgelassen hatte. Ich insistierte, dass Kinder doch den Kontakt zu BEIDEN Eltern behalten sollten, aber sie wünschte sich ein neues Kind zu zeugen. Ich konnte diesen Gedanken nicht nachvollziehen. Was mich aber an Sophie faszinierte war, dass sie einen jüdischen Vater mit dem Namen Salomon hatte. Dann war da eine Gisela, die selbst 3 Kinder hatte (Matthias, Magdalena und Romy), aber sterilisiert war. Das leuchtete mir schon eher ein, denn bevor man sich um neue Kinder kümmert, sollte man für die bereits existierenden Kinder Sorge tragen.

Von der Vätergruppe wurde ich darauf aufmerksam gemacht, dass Frau Elster dabei sei, eine neue Familie zu gründen und sie damit automatisch das Sorgerecht bekäme. Ich müsse also schnell genug sein, um auf meiner Seite ein Gegenmodell aufzubauen und ich ging mit Gisela eine Beziehung ein. Gisela war Mitglied im „Verein für humane Trennung".

Kegelklub von Teddy Fuchs

Der Väteraufbruch für Kinder

Ich wurde Mitglied im Väteraufbruch für Kinder und lernte dort Max Schily aus Berlin Reinickendorf kennen, der um seinen Sohn Hermann Schily kämpfte. Er hatte mit seiner Exfrau, der Mutter von Hermann das gleiche Problem wie ich mit Frau Elster.

Ich lernte beim Väteraufbruch für Kinder, dass die Folge von solchem Verhalten, meist der Mütter beim Kind ein schweres Eltern-Kind-Entfremdungssyndrom (Parental Alienation Syndrome, PAS) auslöst. (Väteraufbruch für Kinder eV, 2022)

Eine Demonstration vor dem Familiengericht in Kreuzberg

Der Väteraufbruch veranstaltete vor dem Familiengericht in Berlin Kreuzberg eine Demonstration an der ich mit vielen anderen Vätern teilnahm. Wir sollten Fotos von unseren Kindern mitbringen. Leider war auf meinem Foto der Knut nur halb drauf zu sehen. Die Reporter der Zeitung BZ schnitten ihn ganz raus und zeigten nur Björn und Urs in der Zeitungsausgabe, was mich ärgerte, denn Frau Elster hatte mir schließlich kein vernünftiges Foto von Knut überlassen.

Abbildung 7 Das Foto für die BZ: Knut ist nur halb zu sehen. Die BZ machte daraus einen Vater Fuchs von zwei Söhnen.

Kegelklub von Teddy Fuchs

Abbildung 8 Die BZ druckte auch ein Foto des demonstrierenden Herrn Fuchs mit dem U-Bahnhof Hallesches Tor im Hintergrund

Gerächtigkeit muss wohl von Rache kommen!

Grafik 3 Gerächtigkeit

Von Michael Joannes Vierne am 9. März bei Facebook gepostet und bis 24.03.2023 118 mal geteilt, 206 likes.

Kegelklub von Teddy Fuchs

Abbildung 9 Die BZ schrieb aber: Wenn Björn und Urs zu Besuch kommen; vielleicht gehen wir dann in den Zoo - Na klar den Bruder Knut besuchen

Kegelklub von Teddy Fuchs

Abbildung 10 Björn und Urs besuchen mit Vater Teddy Fuchs den Bruder Knut im Zoo Berlin

Das Familiengericht in Kreuzberg war für die Bezirke im Süden Berlins zuständig. Für Reinickendorf musste man nach Pankow.

Eine Familientherapie

Es war klar, dass meine Söhne von der Scheidung psychischen Schaden davontragen würden. Deshalb beantragte ich bei einer Frau Gebhard (auch Jugendamt Reinickendorf) eine Familientherapie, insbesondere für meinen Sohn Björn mit seinen Selbstmordgedanken. Aber auch Knut versagte in seiner Probezeit auf dem Gymnasium „Käthe Kollwitz". Urs begann sich mit 8 Jahren wieder einzunässen. Ich schlug Frau Gebhard vor, bereits allein mit der Therapie anzufangen und die Kosten vorzustrecken. Das konnte ich mir damals noch von meinem Arbeitslosengeld 2 leisten, obwohl ich Unterhalt für die Kinder zahlte.

Frau Gebhard schlug mir einen Psychologen vor, den ich schon aus einer früheren Eheberatung kannte.

Mein Rechtsanwalt

Von der Vätergruppe in Berlin-Kreuzberg erhielt ich den Vorschlag, zu Herrn Hirsemann zu gehen, der auch ausgebildeter Scheidungsmediator war. Ich ging zu Herrn Hirsemann und reichte meine Scheidung ein, da zu mir inzwischen durchgesickert war, dass Frau Elster von Bernhard bereits schwanger war. Sowohl die Mediation, als auch die Familientherapie lehnte Frau Elster ab, da sie fürchtete, dass solche Therapien darauf abzielen würden, die Ehe zu reparieren. Nach meiner Ansicht unbegründet, denn ich hatte die Scheidung ja bereits eingereicht und wollte ihre Beziehung zu Bernhard nicht stören, mit dem ich ja bereits Sekt getrunken hatte.

Eine Psychotherapie nur für Urs

Vom Reinickendorfer Stadtrat für Jugend und Schule erhielt ich einen Brief (Einschreiben/Rückschein) einer Psychotherapie für Urs zuzustimmen und dies, obwohl ich den Stadtrat Herrn Find-Mich

Kegelklub von Teddy Fuchs

Raus (SPD) schon mehrfach angeschrieben hatte und um ein Gespräch bat.

Die Intrige war klar, ich sollte verpflichtet werden, der Psychotherapie nur für den einnässenden Urs zuzustimmen, oder anderenfalls das Sorgerecht zu verlieren.

Ich telefonierte mit Herrn Schynol und erfuhr, dass eine Frau Aliabadi eine Anamnese mit Urs durchgeführt habe und sie diese Psychotherapie für erforderlich hielt.

Ich vereinbarte einen Termin mit Frau Aliabadi und erfuhr, dass sie die Anamnese an einem 20.04.1998 durchgeführte habe (Führergeburtstag). Psychotherapeutin sei eine Frau Flicke. <<Flique>> französisch für Polizistenschwein (Bulle oder hier Kuh). Und wir wohnten im ehemaligen französischen Alliiertensektor von Berlin.

Ich bat Herrn Find-Mich Raus (SPD) um die Möglichkeit, Frau Flicke zu sprechen vor meiner Entscheidung. Mit Frau Flicke vereinbarte ich einen Termin, sie meinte aber einen Zeugen dabei haben zu müssen und dass sie sich das Gespräch bezalen lassen wolle (100,- DM).

Ich wollte daraufhin auch einen Zeugen mitnehmen. Gisela lehnte ab, also nahm ich Sophie mit und bezahlte die 100,- DM. Am Ende stimmte ich der Psychotherapie für Urs zu, um nicht das Sorgerecht zu verlieren, aber die Anamnese von Frau Aliabadi am Führergeburtstag hinter dem Rücken des sorgeberechtigten Vaters sollte Konsequenzen haben.

Treffen beim Jugendamt (Herr Schynol)

Ich wurde zum Treffen mit den Kindern Knut und Björn bei Herrn Schynol bestellt (Urs war nach Herrn Schynol noch zu jung dafür). Knut erzählte vom Ungarn-Urlaub, dass ich seinen Bruder Björn geschlagen hätte. Erstens war Knut nicht dabei und zweitens fiel kein Wort vom Selbstmordversuch von Björn. Herr Schynol warf mich aus seinem Büro und weigerte sich gegen einen Gesprächstermin mit ihm allein zur Klärung des Sachverhalts.

Dienstaufsichtsbeschwerde gegen Herrn Schynol

Als erstes reichte ich eine Dienstaufsichtsbeschwerde gegen Herrn Schynol ein. Schließlich hat er einen zwölfjährigen und einen zehnjährigen Jungen befragt, ob er lieber bei Vater oder Mutter bleiben wolle, was nach BGB erst mit 16 Jahren erlaubt ist. Selbst dann muss das Gericht nicht dem Wunsch des 16-jährigen folgen.

Was ich damals nicht wusste, ist dass für Personalangelegenheiten die Bezirksbürgermeisterin Frau Ich-steh im-Internet (CDU) zuständig war. Ich dachte die Angelegenheit kommt auf den Schreibtisch vom Jugendstadtrat Find-Mich Raus (SPD). Frau Ich-steh im-Internet lehnte meine Dienstaufsichtsbeschwerde ein halbes Jahr später ab.

Später erfuhr ich, dass Gisela eine Jugendamt Mitarbeiterin zur Freundin hatte, die im Nachbarzimmer von Herrn Schynol saß. Möglicherweise ist diese Freundin mit der Frau Gebhard identisch.

Familientherapie

Am 21.12.1997 schrieb ich an den Familientherapeuten einen Brief mit Rechtschreibfehlern. „Am heutigen Tag der größten **Verdunkelung** sage ich Ihnen Beispiel **Haft** die Familientherapie ab.

Kegelklub von Teddy Fuchs

Die Berliner Staatsanwaltschaft

Die Korrespondenz mit Frau Gebhard, Herrn Schynol, Find-Mich Raus und dem Familientherapeuten legte ich der Berliner Staatsanwaltschaft vor. Eine Strafverfolgung wurde abgelehnt.

Der Oberstaatsanwalt

Das Ablehnungsschreiben der Berliner Staatsanwaltschaft legte ich dem Oberstaatsanwalt vor mit dem „Verdacht auf Unterdrückung einer Strafverfolgung". In diesem Fall hätte der Oberstaatsanwalt gegen seine eigene Staatsanwältin ermitteln müssen. Es kam mal ein Anruf vom Oberstaatsanwalt, aber auch diese Strafanzeige verlief im Sande.

Kegelklub von Teddy Fuchs

Das Jugendpsychologische Gutachten
Mit meinem Rechtsanwalt Herrn Hirsemann hatte ich ein jugendpsychologisches Gutachten über die Sorgerechtsfähigkeit der Eltern und ein nervenärztiches Gutachten beantragt. Eine vom Familiengericht bestellte Psychologin untersuchte den Fall, insbesondere bezüglich des Umgangsrechts. Dabei sollte der abgerissene Kontakt zu den Kindern wieder aufgebaut werden. Björn und Urs kamen an den Wochenenden zu Besuch. Knut verweigerte sich ganz. Vermutlich saß der Schock wegen der Auswanderung nach Kanada noch sehr tief. Ich machte die Gutachterin darauf aufmerksam, dass hier das Parental Alienation Syndrome (PAS) droht und ich dafür Sorge tragen würde, dass der Kontakt zur Mutter nicht abreißt.

Die Gutachterin dachte, dass wir in der Vorweihnachtszeit in Spielzeuggeschäfte gehen. Stattdessen kochte ich für die Kinder Mittagessen und betreute ihre Hausaufgaben. Am Ende wurden wir beide als sorgerechtsfähige Eltern eingestuft. Für den Wiederaufbau des Kontakts zu den Kindern bekam ich das Umgangsrecht in den Weihnachtsferien 1997/98.

Kindesentführung von den Großeltern
Urs kam mit dem ärztlichen Gutachten einer Reiseunfähigkeit wegen einer Erkältung oder Magenverstimmung. Björn kam mit dem Wunsch über Weihnachten seine Großeltern in Hamburg zu besuchen. Für Urs suchte ich sofort einen Arzt auf, der wegen der „Simulitis" die Reisefähigkeit wieder bescheinigen sollte. Ich hatte ja noch die Krankenkassenkarten von der Familienversicherung. Der Arzt verschrieb eine Kochsalzlösung und ließ erst mal 3 Tage verstreichen. Ein Freund vom Väteraufbruch für Kinder Max Schily fuhr Björn und mich mit dem Auto nach Hamburg während wir Urs bei Sophie ließen. Schließlich war er aufgrund der Simulitis nicht

Kegelklub von Teddy Fuchs

reisefähig. Sophie ließ Urs mit seiner Mutter telefonieren und gab ihn daraufhin bei der Mutter wieder ab. Björn setzten wir bei den Großeltern in Hamburg ab, wünschten ihm frohe Weihnachten und fuhren heim nach Berlin, um uns um Urs zu kümmern. Den holten wir bei der Mutter wieder ab, sorgten für die ärztliche Bescheinigung der Reisefähigkeit und fuhren über Silvester in den Harz zusammen mit Sophie – inzwischen Max Freundin und seinem Sohn Hermann Schily.

Währenddessen bedrohte Frau Elster meine Eltern, den Björn rauszugeben, obwohl das gerichtlich festgelegte Umgangsrecht bei mir lag. Sie war beim Jugendamt in Hamburg, die von der gerichtlichen Verfügung natürlich keine Ahnung hatten und sie hob den Björn schließlich über den Gartenzaun und fuhr mit ihm nach Berlin. Nichtsahnend erstattete mein Vater bei der Polizei Hamburg eine Vermisstenanzeige und ich bei der Berliner Polizei. Björn fand sich nach Polizeiangaben in der Wohnung der Mutter wieder an.

Urs und ich blieben schließlich einen Tag länger im Harz, als vereinbart. Die Mutter hatte ja schließlich einen Weihnachtstag geklaut.

Abbruch des Besuchsrechts und Stopp der Unterhaltszahlungen

Nachdem das jugendpsychologische Gutachten fertig war stoppte Frau Elster die Herausgabe der Kinder zum Besuchsrecht und ich deshalb die Unterhaltszahlungen.

Strafanzeige gegen das Jugendamt Hamburg wegen Widerstand gegen die Staatsgewalt

Ich erstattete Strafanzeige gegen das Jugendamt Hamburg wegen Widerstand gegen die Staatsgewalt. Schließlich hatte ich von der gerichtlich bestellten Gutachterin für das jugendpsychologische Gutachten das Umgangsrecht.

Eine Verfahrenspflegerin

Vor dem Familiengericht beantragte ich für die Kinder eine Verfahrenspflegerin – auch Anwalt des Kindes genannt. Sie sollte die wahren Beweggründe der Kinder herausfinden und so die Interessen der Kinder vor Gericht vertreten.

Kegelklub von Teddy Fuchs

Selbstmordversuch von Gisela
Gisela hatte in der Vorweihnachtszeit einen Selbstmordversuch. Deshalb kam sie nicht mit in den Harz. Ihre Kinder hatten sie regungslos aufgefunden, nachdem sie ein Tablettenröhrchen geleert hatte. Max Schily und ich redeten auf sie ein: „Deine Kinder brauchen dich jetzt, da der Vater nichts mehr von ihnen wissen will."

Romy magersüchtig
Giselas jüngste Tochter Romy konnte sich von dem Schmerz nicht erholen, dass ihr Vater nichts mehr von ihr wissen will. Sie leidet an Magersucht. Das konnte Giselas Verein für humane Trennung und Scheidung nicht abwenden. Leider konnte ich mich um den Beziehungskram von Gisela wenig kümmern, weil mich meine eigenen Kinder so in Anspruch genommen hatten.

Kosten für die Verfolgungsjagd auf der Autobahn
Ich schrieb einen Brief an die Bezirksbürgermeisterin Frau Ich-steh-im-Internet (CDU), wer denn nun für die Polizeieinsätze in Hamburg und Berlin aufkommen solle. Schließlich werden für derlei Rechtsverdrehereien öffentliche Gelder verbraten. Es war doch am Ende nur Weihnachten, vorerst das letzte mit den Großeltern…

Kegelklub von Teddy Fuchs

Brief an das Bundeskriminalamt in Wiesbaden

Ich schrieb an das Bundeskriminalamt und äußerte den „Verdacht auf organisierte Kriminalität im Amt". Die Führergeburtstagsfeierlichkeiten von Frau Aliabadi einschließlich der Deckung dieser Aktivitäten bei Dienstaufsichtsbeschwerde, Staatsanwalt und Oberstaatsanwalt Berlin benötigen einer kriminalistischen Aufarbeitung.

Auch diese Strafanzeige blieb ohne Erfolg.

Eine andere Geburtstagskultur

Mit meinem Telefaxgerät gratulierte ich dem Bundeskanzler Gerhard Schröder (SPD) zu seinem 60. Geburtstag am 07.04.1998 unter meinem Klarnamen und vollständiger Adresse und erhielt von ihm ein Dankesschreiben.

Änderung des Bürgerlichen Gesetzbuches BGB

In der Nacht vom 30. Juni auf den 1. Juli 1998 leerte ich die zweite Flasche Sekt aus Ungarn zusammen mit Max Schily. Es trat nämlich jetzt eine Anpassung des BGB viertes Buch Familienrecht in Bezug auf das Sorgerecht in Kraft. Es ist eine Anpassung an §6 (2) GG. Da wir beide das Sorgerecht bislang nicht verloren hatten konnte es uns jetzt nur schwer weggenommen werden. Gemeinsames Sorgerecht ist jetzt der Regelfall.

Es ist gleichzeitig Nationalfeiertag in Kanada, wohin Knut mit mir auswandern wollte.

Das Bundesverfassungsgericht Frau Jutta Limbach

Ich schilderte die Situation kurz und vermerkte: Nach §20 (4) GG habe ich das Widerstandsrecht. Dies wurde mir (nicht von Frau Jutta Limbach persönlich, sondern einer anderen Verfassungsrichterin) bestätigt mit dem Vermerk: Sie haben theoretisch auch das Klagerecht, das Sie offenbar nicht wollen.

Ja klar das Klagen dauert dann so lange bis meine Kinder in Rente sind und das kommt dann alles zu spät. Aber nirgends ist festgelegt, wie das Widerstandsrecht denn aussieht, was ist erlaubt, was nicht?

Für mich war klar: Die Nazis in der SPD in Berlin Reinickendorf werde ich bekämpfen mit allen friedlichen Mitteln, die mir zur Verfügung stehen. Ich habe ja jetzt einen Freibrief vom Bundesverfassungsgericht persönlich. Ich war in der Tat vogelfrei und juristisch unangreifbar. Ein Reichsbürger war ich allerdings (noch?) nicht.

Nach Artikel 6 (2) GG und inzwischen auch nach BGB kann mir das Sorgerecht für meine Kinder (theoretisch) nicht genommen werden, aber welches Recht gilt denn schon, wenn wir bei Artikel 20 (4) GG gelandet sind?

Kegelklub von Teddy Fuchs

Postkarten – Die Europareise

Im Jahre 1999 waren Europawahlen und ich wollte den Druck auf die SPD erhöhen. Ich schrieb aus allen europäischen Ländern Postkarten über den Nazi-Skandal. Direkt im Adressfeld betrifft Geburtstagsfeier Adolf Hitler und so für jeden Postboten lesbar.

Aus Find-Mich Raus „Stadtrat für Jugend und Schule" wurde so mit absichtlichen Rechtschreibfehlern „Stadtrat für Juden und Schwule". Vielleicht habe ich auch so indirekt dazu beigetragen, dass der schwule Klaus Pobereit Regierender Bürgermeister von Berlin wurde.

Die Opposition

Natürlich schrieb ich auch an die Opposition sozusagen als Wahlkampfmunition. Da war in Bezirksverordnetenversammtung (BVV) von Berlin Reinickendorf der grüne Oppositionsführer Oliver Schruofenegger. Ich schrieb ihm, angesichts der Führergeburtstagsfeierlichkeiten nässt mein achtjähriger Sohn Urs wieder ein vor Angst. Und ich schrieb an den BündnisAußen GrünInnen Bezirksbürgermeister Schulz von Berlin Kreuzberg Oliver Schruofenegger ist informiert. Die FDP war nicht vertreten in der Berliner Politik. So verschoben sich meine Hoffnungen dorthin.

Pabst Besuch in Krakau

Ich fuhr nach Krakau (Polen) und schrieb von dort Postkarten mit entsprechendem Betreff im Adressfeld. Um eine Audienz beim Pabst bat ich nicht, da keiner von uns katholisch war.

Holländischer Käse für die Linke

Meine Reisen führten mich auch nach Holland. Hier gab es Postkarten von dem leckeren holländischen Käse. Nachdem ich in Berlin Alexanderplatz eine Postkarte mit französischen Käsesorten erworben hatte, wo alle mit dem französischen Namen erwähnt wurden und beim Brie stand: <<trou du cul>> (zu Deutsch: Arschloch)

Kegelklub von Teddy Fuchs

und nachdem ich diese Postkarte aus Frankreich an den linken Politiker André Brie gesandt hatte, waren für mich alle Käsepostkarten für die Linken reserviert. Gregor Gysi bekam den Gouda und war damit ein historischer Pabst der Kalenderreform. Der SPD habe ich einen Oscar (Lafontaine) verliehen.

Von den Linken erwarte ich nichts für den Kampf gegen PAS zumal ja damals unter dem SED-Regime die Kinder von ausreisewilligen Eltern zwangsadoptiert wurden. Der besondere Freund der Linken „Wladimir Putin" lässt ja auch ukrainische Kinder nach Sibirien deportieren und sie dort zwangsadoptieren unabhängig davon, ob die ukrainischen Eltern noch am Leben sind und ihre vermissten Kinder suchen oder nicht.

Ich fotografierte meine Postkarten und ließ in den verschiedenen Fotolaboren in Europa Abzüge machen wodurch dann in den Dunkelkammern nochmals ein Aufschrei gegen die deutsche SPD ausgehen konnte.

In Berlin ließ ich die Fotos bei der Firma Fix Foto machen und schrieb an den Stadtrat Find-Mich Raus: Wir machen Sie Fix und Foxi.

Auf meiner Europareise besuchte ich ehemalige Kriegsschauplätze wie Verdun in Frankreich und schrieb an die République <<Boche>> (französisch für „deutsche Schweine"). Post die aus Frankreich in meinem Briefkasten landete steckte ich im polnischen Slubice bei Frankfurt (Oder) wieder ein, um so das Militärbündnis aus Frankreich und Polen aus dem zweiten Weltkrieg zu bemühen.

Ich war auch im Baskenland in Nordspanien in San Sebastian (Autokennzeichen SS) und habe von dort Postkarten für 7 Peseten gesandt.

Aus Tschechien schrieb ich Postkarten mit der Länderkennzeichnung Nordösterreich nach Berlin.

Deutschland wurde damals aus einer Koalition von SPD und Grünen (Schröder-Fischer) regiert. Die Europareise erhöhte gleichzeitig den

Kegelklub von Teddy Fuchs

Druck auf den Bundesaußenminister Joschka Fischer, der dem Oppositionsführer Oliver Schruofenegger in der Reinickendorfer Bezirksverordnetenversammlung den nötigen Nachdruck hätte verleihen können.

Meine Europareise führte mich auch nach Genf, wo die Diskussionen über den angeblichen Selbstmord von Uwe Barschel (CDU-Schleswig-Holstein) nicht abreißen. Ich habe von dort nur an meine Kinder geschrieben. Die Schweiz ist ja ein neutrales Land und für die Europawahlen nicht stimmberechtigt.

Danach fuhr ich über Monaco nach Neapel und rüber zur Insel Ischia. Den Jugendamt Mitarbeitern habe ich Postkarten mit Fotos von Kaktusblättern geschrieben in Anlehnung an die Mafia, wenn einer zu viel redet... Herr Schynol erhielt eine Postkarte mit Seglerknoten, da wir bei meinem ersten Besuch im Jugendamt ja festgestellt hatten, dass wir beide Segler sind. Er hatte in einem Schreiben an das Familiengericht meinen Doktortitel weggelassen und ich schrieb ihm, dass ich dieses Angebot einander zu duzen annehme. Ich schrieb also „Lieber Olaf..."

An den Flughäfen wurden auch Flüge nach Tel Aviv angeboten, aber dafür hat mich dann doch der Mut verlassen. Außerdem nahm Israel ja nicht an den Europawahlen teil.

Dann war ich in Griechenland (Piräus) und habe vorwiegend an die BündnisAußen GrünInnen geschrieben. Eine Postkarte ging an Renate Künast, die ja auch mal Senatorin in Berlin war. Aus Delphi schrieb ich an Find-Mich Raus über das Wahlorakel. Von dem Zeitpunkt an war die Europa-Wahlwerbung ziemlich vorbei und ich habe einen Direktflug nach Kevlavik (Island) gewählt, um meinen Söhnen eine Postkarte von Leifur Erikson zu senden und dort meinen eigenen Geburtstag zu feiern.

Kegelklub von Teddy Fuchs

Woher die ganzen Adressen der Politiker?
Die Adressen der Bundes- und Landespolitiker stehen zum Beispiel im Fischer Weltalmanach. Die Adressen der Bezirksverordnetenversammlungen, Bürgermeister und Stadträte habe ich mir beim Berliner Innensenator Eckart Werthebach (ehemaliger Präsident des Verfassungsschutzes) besorgt.

Kegelklub von Teddy Fuchs

Die Bundespräsidenten

Die Bundespräsidenten waren für mich ein Tabu. Wenn man schon nach Artikel 20 (4) Widerstand leistet sollte man nicht gänzlich Herrschaft infrage stellen. Sonst müsste man auch einen Machtfaktor darstellen und damit den Staat als Ganzes bekämpfen. Das liefe dann auf einen Putsch hinaus, wofür mir das Militär im Hintergrund fehlt, da ich ja Kriegsdienstverweigerer bin.

Roman Herzog

An Roman Herzog schrieb ich von Monaco aus. Ich benutzte einen Wimpel von Grönland, den ich in Kopenhagen erworben hatte. Er zeigt in der Unterhälfte genau die Naziflagge rot mit weißem Punkt, ist aber in der Oberhälfte Farbvertauscht (die japanische Flagge halt).

Abbildung 11 Flagge von Grönland

Auf das weiße Feld der unteren Hälfte schrieb ich vier Haken, Deutschland also abgehakt. Da ich keinen Absender hinterlassen habe, erhielt ich von Roman Herzog auch keine Antwort. Ich hielt diese Flagge bewusst in die Kameras der Flughafenüberwachungen und in die Kameras von Geldautomaten bei meiner Europareise.

Johannes Rau

An den Bundespräsidenten Johannes Rau schrieb ich nach der Europawahl. Ich fügte eine Stellenausschreibung vom ehemaligen Kernforschungszentrum Jülich bei und fragte, ob er nicht mit Beziehungen zu NRW dafür sorgen könne, dass ich die Stelle bekäme und wieder Unterhalt zahlen könne. Darüber hinaus bat ich ihn als „Friedensrichter" nun endlich die Scheidung auszusprechen.

Als Antwort erhielt ich, dass er auf die Personalbesetzung des Forschungszentrums Jülich keinen Einfluss habe und für die Scheidung müsse ich mir einen Anwalt nehmen.

Da war ich wieder so schlau wie vorher.

Kegelklub von Teddy Fuchs

Ein Kurztrip nach Ottawa

Mein Freund Professor Dé Groeneveld lehrte an der Carleton University Ottawa mein Fachgebiet und war im Sommer 1998 nach Berlin gekommen, für ein Interview mit mir. Er war eine Koryphäe auf dem Gebiet. Ich wollte ihm den Gegenbesuch abstatten (keine Postkarten schreiben). Mit Gisela und Romy hatte ich auch schon über eine eventuelle Auswanderung nach Kanada gesprochen.

Ich war spontan losgeflogen über London – New York und hatte von New York nur ein One Way Ticket nach Ottawa gekauft. So geriet ich in die Einwanderungskontrolle und an der Grenzkontrolle sagte man mir: „You are unprepared. If you are prepared, you can come. "Ich wurde also nach New York abgeschoben und flog von dort heim über London nach Berlin.

Kegelklub von Teddy Fuchs

Der Kegelklub im Internet vernetzt

Über einen Server in Togo waren wir international zwischen Jugendämtern und Familiengerichten vernetzt:

www.welcome.to/Kegelklub

Ich habe die Internetseiten bewusst ins Ausland verlegt, in der Hoffnung, dass wir dort nicht gesperrt werden. Ziel war es alle Jugendämter, alle Jugendamt Mitarbeiter alle Familiengerichte alle Familienrichter miteinander weltweit zu vernetzen. Bei den arabischen Ländern hätte man wohl die Mütterrechte stärken müssen.

> *Alle meine Kinder schwimmen im Gesetz*
>
> *Schwimmen im Gesetz,*
>
> *Köpfchen in das Wasser,*
>
> *Arschkarte für den Vater in die Höh'.*

Gedicht 3 Alle meine Kinder schwimmen im Gesetz

Was wir über den Server in Togo international vernetzten. Weil ich nicht ständig online bin, konnte ich für keinen Ersatz sorgen. Wir waren vertreten über Spree.com in den USA, was sich anbot, weil Berlin an der Spree (Fluss in Berlin) liegt und weil man dort kostenlose Internet Seiten hochladen konnte.

Auch der österreichische Server „start.at" war für uns interessant. Wir haben uns aber in Togo mehr Verständnis für unser Anliegen erhofft. Österreich unterliegt leider dem gleichen Familienrecht wie Deutschland.

Kegelklub von Teddy Fuchs

Ich ließ das Netzwerk durch den Bundesverfassungsschutz auf seine Rechtmäßigkeit überprüfen. Eine Antwort erhielt ich naturgemäß nicht.

Was wir hier machen ist Denunziation. Also das gleiche, was der Find-Mich Raus gegen mich gemacht hat, weil ich Kerntechniker bin. Ich habe ihn in das jüdische Restaurant Rimon eingeladen, gleich neben der jüdischen Synagoge in Berlin Mitte. Dorthin hat er sich leider nicht getraut, was ja tief blicken lässt. Ich ließ mir im Restaurant Rimon die Adresse vom Zentralrat der Juden in Deutschland geben.

Ich war in vielen ehemaligen Konzentrationslagern, nicht nur in Berlin Plötzensee, sondern auch in Oranienburg im Konzentrationslager Sachsenhausen, in Hamburg Neuengamme und in Bergen-Belsen. Das stünde einem SPD-Politiker wie Find-Mich Raus auch gut an.

Find-Mich Raus du hast meine Kinder gestohlen,

gib sie wieder her,

sonst wird dich der KegelKlub holen

mit dem Internet und Postkartenmeer.

Gedicht 4 Find-Mich Raus du hast meine Kinder gestohlen

Brief an Herrn Michel Friedman

Herr Michel Friedman war damals Vorsitzender des Zentralrats der Juden in Deutschland. Ich habe ihm persönlich geschrieben.

Besuch beim Landesamt für Verfassungsschutz in Hamburg

Ich ging zum Landesamt für Verfassungsschutz in Hamburg und fragte, warum beobachten Sie mich? Man entgegnete mir: „Wir beobachten Sie nicht." Das kann alles heißen, denn sie würden es niemals zugeben.

Besuch in einer Bundeswehrkaserne in Hamburg

Ich entschuldigte mich für meine Wehrdienstverweigerung und sagte, jetzt sei ich für die Bundeswehr. Man antwortete mir: „Dann bewerben Sie sich mal."

Kegelklub von Teddy Fuchs

Bowling spielen statt kegeln

Mit den Kindern Björn und Urs spielten wir an den Besuchswochenenden Bowling statt kegeln, weil das richtige Kegeln für die kleinen Kinder wohl noch zu schwer war. Björn und Urs schafften mal einen Strike (alle Pins mit dem ersten Wurf). Ich stellte die Erfolge der Kinder ins Internet im Kegelklub. Auch hatte ich von meiner Dienstseite als Kerntechniker einen Link zum „Hochtemperaturreaktorbowling" als Anspielung auf die kugelförmigen radioaktiven Brennelemente als Wurfgeschosse. Sollte der Strike also ein Omen für Find-Mich Raus sein, den ich aus dem Amt kegelte?

> Kegelklub von Teddy Fuchs
> *Alle meine Jugendamt Mitarbeiter*
>
> *schwimmen im Gesetz*
>
> *Schwimmen im Gesetz*
>
> *Köpfchen schamviolett im Wasser*
>
> *Disziplinarverfahren in die Höh'.*

Gedicht 5 Alle meine Jugendamt Mitarbeiter

Asylantrag in der US-Botschaft

Ich nahm mein Beweismaterial in einem Koffer mit und besuchte die US-Botschaft in Berlin-Mitte und bat um Asyl. Beim Empfang fragte man mich: „Do you whish a soup?" und ich entgegnete „Yes, please. I am nuclear engineer and I can work for my money". "The officers here celebrate birthday of Adolf Hitler". Er entgegnete: "Go to the police" und ich antwortete: "The police does not help me." Er schmiss mich raus.

Die Psychiatrien

Im August 2000 steckte mein Vater mich per Gerichtsbeschluss in die Psychiatrie in Hamburg Ochsenzoll.

Hamburg Ochsenzoll

Es klappert eine Mühle in Ochsenzoll

Klipp klapp klipp klapp klipp klapp...

Da saß ich nun als Dr.-Ing. in der Psychiatrie und betrachtete das Ganze als bodenlose Unverschämtheit. Die paranoide Schizophrenie, die man mir bescheinigte, erkannte ich natürlich nicht an und klagte mich schließlich frei, indem ich angab, ich wolle wieder arbeiten, meine Schulden von der Europareise zurückzahlen und Unterhalt an meine Söhne zahlen.

Ja ja jetzt wird wieder in die Hände gespuckt,

wir steigern das Bruttosozialprodukt.

Gedicht 6 Ja ja jetzt wird wieder in die Hände gespuckt

Ich zog zurück nach Berlin. Meine Wohnung dort war inzwischen zwangsgeräumt, da ich in meiner Krankheit nicht mehr die Miete gezahlt hatte. Ich landete im Krisenhaus in Berlin-Hohenschönhausen. Meine Medikamente (Zyprexa) nahm ich natürlich nicht mehr, denn ich hatte mich ja davon frei geklagt. So ging die Psychose lustig weiter.

Es standen Wahlen zu den Berliner Bezirksverordnetenversammlungen (BVV) und zum Abgeordnetenhaus an und da wollte ich natürlich mitmischen. Ich schrieb wieder Postkarten und verteilte sie nachts in Berliner Briefkästen.

Kegelklub von Teddy Fuchs

Der 11.11. 2001 (Karnevalsbeginn)

Mir war nach Karneval feiern nicht zu Mute. Ich war abends wieder unterwegs, um meine Postkarten zu verteilen. Vor einer Tankstelle in Westend kamen mir zwei Polizisten in Zivil entgegen und hielten ihre Dienstmarken in etwa 20 m Entfernung entgegen. Ich bin kurzsichtig und bei Dunkelheit rief ich freundlich: „Hellau, Karneval!" Da warfen sie mich zu Boden. Ich schrie: „Hilfe, Hilfe Polizei!" Irgendjemand von der Tankstelle muss es wohl gehört haben. Jedenfalls kam bald ein Streifenwagen und Polizisten in Uniform stiegen aus. Ich ergab mich und die Polizisten sagten zu mir: „Herr Fuchs, Sie sind Doktor." Nachdem sie meine Postkarten inspiziert hatten, ließen sie mich laufen.

Anzeige wegen Widerstand gegen die Staatsgewalt

Ich bekam eine Anzeige wegen Widerstand gegen die Staatsgewalt, was natürlich blanker Unsinn war, denn erstens hatte ich nach §20 (4) das Widerstandsrecht und zweitens hatte ich die zivilen Polizisten nicht als solche erkannt. Drittens hatte ich einen Jagdschein aufgrund meiner paranoiden Schizophränie. So wurde auch die Anzeige von

meiner Betreu

Abbildung 12 Mein Cousin Arved veranstaltete zu Beginn der fünften Jahreszeit 2022 eine Büttenrede über die Arktis. War das auch Widerstand gegen die Staatsgewalt?

Eine Demonstration vor dem Hotel Herbst

Abbildung 13 Das Hotel Herbst mit Blick in die Moritzstraße und ich demonstrierte eingeklemmt zwischen den Schildern

Das Hotel Herbst befindet sich in der Spandauer Altstadt in der Jüdenstraße Ecke Moritzstraße. Dort stand ich mit Seifenwerbung der Marke Speick in Erinnerung dass die Nazis seinerzeit Seife aus Judenknochen hergestellt hatten. Natürlich war das Hotel Herbst ein Symbol für die Wahlen im Herbst des Jahres. Auch eine Demonstration vor dem Möbelhaus in der Wiebestraße 12-18, 10553 Berlin „Who's Perfect?" (Frei übersetzt: Wer gehört der Vergangenheit an?) mit Lampenschirmen war drin, in Erinnerung dass die Nazis aus Judenhaut Lampenschirme hergestellt hatten. Vergangenheit war natürlich Herr Find-Mich Raus. (Abbildung 17 Buchrückseite)

ALLE NEUNE

Mein größter Erfolg: Find-Mich Raus kandidierte nicht mehr als Stadtrat für Juden und Schwule. Dafür kam Klaus Pobereit als Kandidat für das Amt des regierenden Bürgermeisters. Das war natürlich ein völliges Missverständnis meines Anliegens.

Der Autor besuchte häufig das Willy Brandt Haus in Berlin Kreuzberg, aber kein Herr Find-Mich Raus war zu sehen. Ein SPD-Mitglied bat mich, ihm die Beweise zuzusenden, aber die Originale gebe ich nicht aus der Hand. Willy Brandt, der in Auschwitz auf die Knie fiel, würde sich im Grabe umdrehen, wenn er wüsste, was aus dem mitgliederstärksten SPD-Bezirk in Berlin (Reinickendorf) geworden ist. Unter der Regentschaft von Willy Brandt wurden auch zahlreiche Kernkraftwerke gebaut. Diejenigen, welche im Frühjahr 2023 noch in Betrieb sind, wurden unter Helmut Schmidt in Auftrag gegeben.

Der Autor war auch häufig im Redaktionsdgebäude der Zeit in Hamburg, um mit Helmut Schmidt zu reden. Leider kam es zu seinen Lebzeiten nicht mehr dazu. In Anlehnung an das Wort zum Freitag sendete ich per Fax häufig das Wort zum Sabbat.

Abbildung 14 Herr Fuchs vor dem Willy-Brandt-Haus

Mitbewohner des Krisenhauses empfahlen mir ein Buch zu schreiben, ähnlich wie Günter Wallraff mit seinem Buch „ganz unten" (Wallraff, 1985, 2022). Diesen Vorschlag habe ich nun mit dem Buch Kegelklub von Teddy Fuchs umgesetzt.   Man stellt sich nun die Frage, wie sozial ist die national – soziale SPD? Vor allem auch, wie demokratisch ist sie?

Vom Krisenhaus aus suchte ich mir eine Wohnung in der Nähe von Gisela in Berlin Spandau. Die Einrichtung übernahm das Sozialamt für obdachlose in Berlin Reinickendorf. Dort hatte ich auch meine Betreuerin Frau Schacher.

Eine Strafanzeige wegen Verleumdung des Find-Mich Raus kam rein unter anderem unterschrieben von Manfred Stolpe SPD

(Ministerpräsident Brandenburg). Diese Strafanzeige wurde von Frau Schacher niedergeschlagen, da ich ja aufgrund meiner Erkrankung einen „Jagdschein" hatte.

Mit diesem Freispruch weitete ich meine Aktivitäten gegen die Berliner SPD aus und mischte im Berliner Wahlkampf kräftig mit. Das Ergebnis war, dass mich Frau Schacher erneut in die Psychiatrie steckte, diesmal in Berlin-Spandau:

Berlin-Spandau-Griesinger-Straße

Frei klagen wollte ich mich mit dem Rechtsanwalt Hans-Dietrich Genscher und als Betreuer für meine Finanzen Herrn Guido Westerwelle. Das war für mich klar als Jahrzehnte langer Stammwähler der FDP mit beiden Stimmen. Die FDP war im Rathaus Reinickendorf allerdings nicht vertreten und damit schuldlos an dem Versagen des Jugendamtes.

In Berlin-Spandau kam nun endlich die Krankheitseinsicht und die Überzeugung, dass ich meine Medikamente nehmen müsse. Nach der geschlossenen Station kam ich auf die Tagesklinik, wo ich die Mitpatientinnen Petra und Agnes kennen lernte.

Gisela wurde schließlich auf Agnes eifersüchtig, obwohl damals nichts zwischen uns lief. Ich bot ihr an, den Kontakt zu Agnes für ein halbes Jahr zu unterbrechen und hielt mich auch daran.

Die Trennung von Gisela

Gisela insistierte häufig, ich solle Frau Elster die Kinder lassen und aufhören zu kämpfen und sie legte mir den Verein für humane Trennung und Scheidung nahe. Das waren so Phasen, wo ich mich von ihr trennte, später aber irgendwie fast immer zu ihr zurückkehrte. Als sie dann von Berlin-Spandau nach Niedersachsen zu ihrer Mutter zog, weil ihre Kinder inzwischen alle erwachsen waren, entwickelte sich die endgültige Trennung diesmal von ihrer Seite aus. Sie verliebte sich in einen anderen Mann und gab mir den Laufpass.

Kegelklub von Teddy Fuchs

Ich traf mich wieder mit Agnes und Petra freitags in Prenzlauer Berg, wo Petra wohnte.

Kegelklub von Teddy Fuchs

Beruflicher Neustart

Inzwischen hatte ich beim Berufsförderungswerk eine berufliche Rehabilitation abgeschlossen und arbeitete wieder als Ingenieur in einem Energieplanungsbüro. Agnes und ihre neue Freundin Christine holten mich häufig von der Arbeit in Treptow ab. Ich zahlte Urs Unterhalt und finanzierte Knut das Studium. Björn bekam auch Unterstützung. Die Betreuung durch Frau Schacher war gerichtlich aufgehoben.

Der Tod meiner Mutter

In dieser Zeit starb meine Mutter in Hamburg und mein Vater organisierte die Beerdigung in Hamburg Ohlsdorf. Ich informierte meine Kinder und tatsächlich kamen alle drei Söhne mit Frau Elster zur Beerdigung. Knut nahm Kontakt zu seinem Opa auf und ich klinkte mich bei allen drei Söhnen ein. Leider hat die Oma dieses Happy End nicht mehr erlebt.

Arbeitsplatzwechsel und eine Fernbeziehung zu Agnes

Ich war allerdings als Planungsingenieur ungeeignet und wurde nach der Probezeit entlassen. Für meine neuen Bewerbungen brauchte ich Bewerbungsfotos und Agnes empfahl mir ein Fotostudio in Neukölln, wo sie früher gearbeitet hatte. Nachher gingen wir noch in den Blauen Affen am Hermann Platz, um etwas zu trinken. Da stand ich nun im Anzug mit Krawatte vor ihr und weil sie wusste, dass ich zur Arbeitsaufnahme wohl sehr weit wegziehen müsste, sagte sie: „Ich möchte, dass wir uns nie aus den Augen verlieren." - Ich küsste sie.

Und tatsächlich fand ich acht Monate später Arbeit in der Nuklearindustrie in Erlangen. Damit war aus der Beziehung zu Agnes eine Fernbeziehung geworden.

Fukushima

Ich hatte nur ein befristetes Arbeitsverhältnis, welches aber zweimal verlängert wurde. Dann kam der Reaktorstörfall von Fukushima und mein Arbeitsvertrag wurde nicht mehr verlängert.

Kegelklub von Teddy Fuchs

Wahlbetrug

Der Ausstieg aus der Kernenergie der darauf folgte war Wahlbetrug, denn Union und FDP, die 2011 regierten, hatten im Wahlkampf 2009 Laufzeitverlängerungen der Kernreaktoren versprochen. Dieses Versprechen wurde 2011 gebrochen ohne Neuwahlen einzuberufen. Es wurde zwei Jahre lang einfach weiterregiert als wäre nichts gewesen. Dazu hatte ich Guido Westerwelle meine beiden Stimmen nicht gegeben. Ich schrieb einen Zeitungsartikel und einen Zeitschriftenbeitrag über die Sicherheit von Siedewasserreaktoren und die Wahrheit über Fukushima und gründete diverse Facebookgruppen zur Abwahl von schwarz gelb, was nur bezüglich der FDP 2013 gelang. Ich selbst wandte mich der libertären Partei der Vernunft (PDV) und der Bürgerrechtsbewegung Solidarität (BüSo) zu.

Nach deren Misserfolgen bei Bundestags- und Europawahl wandte ich mich mit beiden Stimmen der AfD zu, denn es ist im Bundestag vertreten die einzige Partei mit einer liberalen Energiepolitik. Die FDP hatte ja diese liberale Energiepolitik nach Fukushima verlassen und betreibt jetzt Planwirtschaft mit Windkraft und Photovoltaik. (Willkommen in der DDR mit der Blockpartei LDPD). Die der AfD unterstellte Ausländerfeindlichkeit kann und will ich mir nicht leisten. Ich hatte schließlich an der TU-Berlin eine türkische Doktorandin, die danach Professorin an der Yildiz Universität in Istanbul wurde.

In der Frage der Erderwärmung gehe ich konform mit dem Europäischen Institut für Klima und Energie (EIKE). Sollte die Antifa mich jetzt auf dem Schirm haben nun bitte. Was ich vom Faschismus im Jugendamt halte, habe ich ja nun klar gemacht.

Immerhin ist der deutsche Oppositionsführer im Bundestag Herr Friedrich Merz anders als die Altkanzlerin Frau Angela Merkel lernfähig. Einen Neubau von Kernkraftwerken hält er für möglich und erwähnt sogar den Dual Fluid Reaktor DFR (eine Erfindung aus dem Dresdner Forschungszentrum Rossendorf). Mit dem DFR könnten durch Transmutation langlebige hochaktive Radioisotope in kurzlebige verwandelt werden. Das Entsorgungsproblem wäre gelöst.

Kegelklub von Teddy Fuchs

Man braucht kein Endlager mehr. Ein einfaches Zwischenlager für 300 Jahre wäre genug. Danach finden sich im Abfall wertvolle Rohstoffe. Von seltenen Erden bis zu Edelmetallen. Rohstoffe, welche man etwa für die Herstellung von Handys, Windturbinen und Photovoltaik braucht. Allerdings kommt mir dieser Schwenk von Herrn Merz zu spät (ich bin jetzt in Rente) und der finanzielle Schaden angerichtet durch Frau Exkanzlerin Angela Merkel ist zu groß, als dass ich ihn der Union verzeihen könnte.

Der Vorteil des DFR ist nicht nur, dass man ein Endlager gar nicht mehr braucht, sondern dass es jetzt sogar fahrlässig wäre den DFR nicht zu bauen und stattdessen ein Endlager zu errichten. Das nicht waffenfähige Reaktorplutonium (ein Isotopengemisch aus Plutonium 239, 240, 241, 242 usw.) verwandelt sich nämlich aufgrund der verschiedenen Halbwertzeiten der Isotope im Laufe der Jahrtausende in hoch angereichertes Plutonium 239 (Waffenplutonium) und wird damit waffentauglich. Dann ist es doch besser das Plutonium gleich zu verbrennen, als späteren Generationen das hoch angereicherte Plutonium zu überlassen. Da mag man die Endlagerung zum Beispiel in Salzstöcken als nicht rückholbar bezeichnen, aber wer sagt uns, dass das bei dem technischen Fortschritt über Jahrtausende so bleibt? Schließlich plant man schon heute nach einem Wassereinbruch in der Asse die Rückholung des hochaktiven Abfalls. Über die Technik, das Plutonium aus den abgebrannten Brennelementen zu gewinnen, verfügen wir bereits mit der ehemaligen Versuchswiederaubereitungsanlage WAK im Forschungszentrum Karlsruhe. Abgebrannte Brennelemente zu lagern bedeutet also zwangsläufig das Risiko der Proliferation von Atombombentechnik in den ehemaligen Nazistaat Deutschland.

Herr Christian Lindner hingegen plädiert nur für einen Streckbetrieb

der Kernkraftwerke bis 2024. Als Finanzminister ist er in der falschen Koalition und mit abgebrannten Brennelementen kann man keinen Lastfolgebetrieb gewährleisten. Bei der Kernspaltung baut sich radioaktives Jod auf, welches zum Neutronengift Xenon zerfällt, ein für den Menschen völlig ungiftiges Edelgas. Dieses zerfällt zu Cäsium-137 mit einer Halbwertszeit von etwa 30 Jahren. Das Xenon fängt in der Kettenreaktion die Neutronen weg, so dass der Reaktor nicht mehr kritisch wird. Nach dem Abschalten des Reaktors zerfällt zunächst das Jod zu Xenon, so dass man den Reaktor nicht wieder hochfahren kann. Hier muss man zuwarten bis auch das radioaktive Xenon zerfallen ist. Man kann auch ein Kohlekraftwerk nicht mit Asche befeuern. Neue Brennelemente müssen her. Das hat auch Herr Lindner mittlerweile begriffen und fordert deshalb die Beschaffung neuer Brennelemente. Das Endlagerproblem ist bei Herrn Lindner anders als bei Herrn Merz noch nicht gelöst und beinhaltet das Risiko der Proliferation.

Derweil gelingt in Kalifornien erstmals eine Kernfusionsreaktion, bei der mehr Energie gewonnen wird, als zur Zündung des Plasmas hineingesteckt wurde. Teddy Fuchs hat in seiner Zeit an der Technischen Universität Berlin auch schon an der Kühlung der ersten Wand für das Plasmagefäß des Internationalen Tokamak Reaktors in Cadarache im französischen Aix en Provence gearbeitet.

Der Tod meines Vaters
Die Beerdigung meines Vaters habe ich organisiert. Es kamen alle drei Söhne diesmal ohne Frau Elster, was gut so war, denn mein Bruder sagte, er hätte sie rausgeschmissen.

Ich habe mich in der Zeit wohl falsch ernährt, denn ich litt an Magenschmerzen. Ich ging schließlich zu meinem Hausarzt in Erlangen. Der gab mir ein Abführmittel, was falsch war, denn am Wochenende drauf musste ich den Rettungswagen rufen wegen Atembeschwerden.

Eine Magenoperation mit Folgen
Im Uni Klinikum Erlangen wurde zunächst ein enormer Blutverlust diagnostiziert. Ich bekam Sauerstoff und vier Blutkonserven.

Ich war mit den Psychose Medikamenten in der Dosierung schon so weit runter, dass ich nur noch ein Milligramm Orap in der Woche nahm. Der Einnahmetag war Montag und mein Psychiater meinte, seltener als einmal die Woche solle ich es nicht nehmen. Dann ginge der Spiegel rauf und runter und das wäre schlimmer, als das Medikament gar nicht mehr zu nehmen. Bei der geringen Dosierung wisse er nicht, ob es überhaupt noch etwas bewirke.

Der Narkosearzt meinte, dass das Orap sich eventuell nicht mit dem Narkosemittel vertrüge. Am Montag bekam ich es also nicht. Dann fragte ich am Dienstag danach, Mittwoch, Donnerstag und so weiter. Geschlagene zwei Wochen danach kamen sie wieder mit dem Medikament an. Da sagte ich, jetzt ist es ausgeschlichen und ich brauche es nicht mehr.

Ein weiterer Fehler an dem Krankenhaus war, dass sie dort über keinen Hustenstiller verfügten. Durch meine Hustenanfälle platzte die Operationsnarbe wieder auf und ich bekam die zweite Notoperation und dadurch später eine Narbenbruchhernie.

Aber wenigstens hatten sie meine inneren Magenblutungen gestillt, obwohl ich dreimal reanimiert werden musste. Sie hatten mir das Leben gerettet.

Meine Wertsachen wurden im Krankenhaus gestohlen, als ich operiert wurde. Das traf mich als Hartz-IV-Empfänger hart.

Die Magenspiegelung

Wie mir vom Krankenhaus zur Entlassung gesagt wurde, solle ich eine gewisse Zeit nach der Operation eine Magenspiegelung durchführen lassen. Verängstigt dadurch, dass ich in der Uniklinik dreimal reanimiert werden musste, wollte ich die Magenspiegelung nicht in die Hände eines niedergelassenen Arztes geben, sondern ließ mir einen Termin in der Uniklinik geben. Sie gaben mir einen Termin zum Jahrestag der Havarie von Fukushima. So zweifelte ich an dem Hypokratischen Eid und ging auch nicht mehr zu meinem Psychiater.

So langsam - für mich unmerklich - schlich sich die Psychose wieder ein. Es gab auch Spannungen mit meinem Vermieter. Ich hatte Angst, gewisse Kreise der Kernkraftgegner hätten die Absicht mich zu töten für das, was ich getan habe. So flüchtete ich zu Agnes nach Berlin. Dort angekommen, kam diese Angst wieder auf und ich fürchtete Agnes wolle mich vergiften. Agnes wollte mich in die Psychiatrie stecken. So flüchtete ich von dort zu Knut nach Köln. Offenbar hatten Knut und Agnes zwischenzeitlich telefoniert, denn Knut holte mich mit dem Taxi am Bahnhof ab und fuhr mich zur Uni-Klinik Köln.

Uni-Klinik Köln Station 1 Griesinger

In der Psychiatrie in Köln wurde mir ein Medikament zum Trinken vor die Nase gehalten was ich aus der Hand schlug. Die Klinikmitarbeiter, die eine gewaltige Drohkulisse aufgebaut hatten, fesselten mich und kippten mir das Medikament in den Mund. Nach der Fesselung wurde ich mit dem Medikament Olanzapin vollgepumpt mit der Nebenwirkung einer starken Gewichtszunahme was dann später zu einem Schlaganfall führen sollte. Da mein Vertrauen in die Ärzteschaft immer noch gestört war, fragte ich in der Station, ob denn der Eid des Hypokrates Gültigkeit habe was mir bestätigt wurde.

Uniklinik Erlangen (Kopfklinik)

Nachdem ich in Köln nicht mehr in der geschlossenen Psychiatrie bleiben musste, schickte man mich mit der Bahn heim nach Erlangen. Dort holte mich mein neuer Erlanger Betreuer vom Bahnhof ab und brachte mich in eine offene Station in der Kopfklinik. Lustig fand ich, dass ich von einem Professor namens „Türauf" empfangen wurde und ich probierte es gleich aus. In der Tat ging die Automatiktür auf, wenn man die Station verlassen wollte. Dies war nötig für eine spätere Verlegung auf die Tagesklinik, da meine Erlanger Wohnung unbewohnbar war, weil mir mein Stromversorger inzwischen den Strom abgestellt hatte, denn meine Stromrechnung war zwischenzeitlich nicht bezahlt. So konnte ich das tagsüber regeln und nachts in der offenen Station schlafen. Als ich die Wohnung wieder bewohnbar hergerichtet hatte, kam ich in die Tagesklinik und schlief nachts in meiner Wohnung.

Kegelklub von Teddy Fuchs

Kegelklub von Teddy Fuchs

Aufhebung der Betreuung

Mit dem Betreuer regelte ich meine Schulden. Er verpfiff dem Jobcenter, dass ich von meinem verstorbenen Vater geerbt hatte und ich bekam fortan kein Hartz-IV-Geld mehr und musste damit auch den Betreuer bezahlen. Büronachbarin war eine Rechtsanwältin, die er einschaltete, weil ihm die Angelegenheit zu kompliziert wurde. Er gab aber zu, dass die Anwältin nun exakt das zu tun hätte, was sonst seine Aufgabe wäre und beantragte beim Amtsgericht Erlangen die Aufhebung der Betreuung, damit ich nicht doppelt zahlen müsse.

Kegelklub von Teddy Fuchs

Wiedererlangtes Vertrauen in die Ärzteschaft

Das Vertrauen in die Ärzteschaft war dank der Medikamente wieder hergestellt und ich konnte mich endlich um eine geplante Operation meiner Narbenbruchhernie kümmern und bei einem niedergelassenen Arzt eine Magenspiegelung nachholen.

Das Olanzapin in zunächst unverminderter Dosis (20 Milligramm täglich) holte ich mir in der Ambulanz der Kopfklinik ab. Nach dem Schlaganfall wurde umgestellt auf 15 Milligramm Aripiprazol morgens und 2,5 Milligramm Olanzapin abends. – Na bitte, es geht ja doch.

Zu meinem Hausarzt, der meinen Blutverlust im Magen übersehen hatte, ging ich allerdings nicht mehr, sondern suchte mir einen neuen Hausarzt, dem ich vertraute.

Ein Schlaganfall

In der Nacht von einem Donnerstag auf einen Freitag im August hatte ich offenbar einen Schlaganfall. Ich wusste allerdings nicht was das ist und dass es einer sofortigen Behandlung bedurfte. Freitagabend ging ich mit gelähmtem rechtem Bein mühsam in eine Gastwirtschaft um Freunde zu treffen. Auf dem Weg zur Toilette riss ich einen Blumenkübel um. Mein Freund Karl meinte: „Das sieht ja ganz nach einem Schlaganfall aus." Ich wusste aber nicht, dass ich damit sofort ins Krankenhaus müsse, blieb also das Wochenende daheim und hatte am Montag einen Termin zur Ambulanz in der Kopfklinik. Der Psychiater begleitete mich gleich in die Aufnahme der Neurologie. Nach wenigen Wochen dort kam ich zur Reha in die Fachklinik in Herzogenaurach. Mein rechtes Bein wurde einigermaßen wieder hergestellt; ich bin jetzt aber auf einen Rollator angewiesen.

Eine Reha für die Psychose

Bei der Rentenversicherung beantragte ich eine ähnliche Reha beim Berufsförderungswerk, wie ich sie in Berlin ja schon einmal hatte und es war dort ja erfolgreich. Man schickte mich nach Saarbrücken zur medizinisch-beruflichen Rehabilitation. Das Ergebnis war eine vollständige Erwerbsunfähigkeit und ich beantragte meine Frührente, die jetzt allerdings sehr gering ist, da ich ja lange Zeit krank war und von der Sozialhilfe gelebt hatte. Diese Beitragszeiten fehlen jetzt also.

Rückkehr zu meinem niedergelassenen Psychiater

Nachdem mein Psychiater in der Kopfklinik wegzog aus Erlangen, kehrte ich zu meinem niedergelassenen Psychiater zurück. Wir waren nun schlauer, dass ein Milligramm Orap in der Woche genommen doch noch etwas bewirkt. Da ich ja das Aripiprazol, dass ich morgens bekomme, sehr gut vertrage, ist er der Meinung, wir könnten jetzt das Olanzapin ganz weglassen, weil es nur noch zum Schlaganfallrisiko beiträgt.

Der Tod meines Bruders

Beim Tod meines Vaters hatten wir ja zu gleichen Teilen geerbt. Da mein Bruder keine Frau und keine Kinder hatte, fiel sein Anteil jetzt auch an mich. Davon hatte ich jetzt aber eine horrende Erbschaftssteuer zu zahlen und sein Sozialamt wandte sich an mich. Da er das Sozialamt um die Erbschaft unseres Vaters betrogen hatte, musste ich seine Sozialhilfe zurückzahlen.

Ein anonymes Billigbegräbnis

Mein Bruder hatte sich ein anonymes Billigbegräbnis gewünscht. Wir waren zu fünft bei der Urnenbeisetzung in Berlin Kreuzberg. Eine Freundin meines Bruders aus Hamburg, eine aus Berlin ein weiterer Mann, Agnes und ich. Meine Kinder kamen nicht zur Urnenbeisetzung des Onkels. Damit war eine Chance des Wiedersehens vertan.

Der Kontakt zu Knut und Björn derzeit

Björn und Urs haben mich in Erlangen oft besucht und in meiner Wohnung geschlafen, vorwiegend zur Bergkirchweih. Björn hatte mir die leichte Ohrfeige aus Ungarn offenbar verziehen und ich sprach mit ihm offen darüber. In seinem Bewusstsein war die Ohrfeige fürs weglaufen abgespeichert und nicht seine Lebensrettung. Nach meinem Besuch in Köln brach der Kontakt leider wieder ab. Meine Telefonnummer wurde geblockt, Briefe an ihn gingen ungeöffnet zurück. Von Urs weiß ich, dass Björn inzwischen verheiratet ist und dass er nicht mehr Fuchs heißt, sondern den Namen seiner Frau ELSTER angenommen hat. Ja sie hat leider den gleichen Vornamen wie meine Ex-Frau. Von meiner Schwiegertochter erhielt ich zumindest deren Hochzeitsfoto, weil ich nicht zur Hochzeit eingeladen war. Der Opa wäre traurig gewesen, wenn er erfahren hätte, dass Björn den Traditionsnamen Fuchs aufgegeben hat. Unsere Genealogie reicht immerhin in zwei Linien zurück bis zum dreißigjährigen Krieg. Von davor sind alle Geburts- und Sterbeurkunden verbrannt.

Bei Knut fand genau der gleiche Kontaktabbruch statt, dabei hat er mir doch mit der Einlieferung in die Psychiatrie Gutes getan und schlimmeres verhindert. Aber sicher ist ihm die ganze Sache unangenehm und er möchte nicht daran erinnert werden.

Mit anderen Worten: Knut und Björn leiden stark an PAS (Parental Alienation Syndrome). Schuld daran ist das Jugendamt Reinickendorf und Herr Find-Mich Raus (SPD) sowie Frau Ich-steh im-Internet (CDU).

Der Kontakt zu Urs

Mit Urs entwickelt sich der Kontakt inzwischen wieder ganz normal. Ich habe ihn auch schon einmal zusammen mit Agnes besucht und er

Kegelklub von Teddy Fuchs
war nach meinem Umzug innerhalb Erlangens auch schon in meiner neuen Wohnung.

Jeden Sonntag telefonieren wir miteinander. So ein Gespräch dauert manchmal bis zu zwei Stunden. So viel hat er aus einer Woche zu erzählen.

Er sagt, sein Kontakt zu mir sei inzwischen besser, als der zu seiner Mutter. Den umgekehrten Kontaktabbruch will ich aber auch nicht, denn das würde ihm genauso schaden, wie Knut und Björn der Kontaktabbruch zu mir schadet. Also ermuntere ich Urs, den Kontakt zu seiner Mutter zu pflegen, damit wenigstens Urs kein PAS bekommt.

Kegelklub von Teddy Fuchs

Finanzieller Totalschaden

Wenn man bedenkt, was die ganze Angelegenheit den Steuerzahler gekostet hat und ich als guter Steuerzahler ausgefallen bin und keinen Unterhalt bezahlen konnte, dann kommt da eine riesige Summe zusammen, abgesehen vom Wertverlust der stillgelegten Kernkraftwerke. Dieses Buch ist also auch eine interessante Lektüre für den Bund der Steuerzahler. Und ich bin sicher kein Einzelfall. Viele Väter verzichten auf ihre Karrieren, weil es sich nicht mehr lohnt zu arbeiten, wenn man nur noch Unterhalt bezahlen muss und derweil der Kontakt zu den Kindern abbricht.

Auch nochmals eine Frage an die national „soziale" SPD: Kürzlich wurde die vorzeitige Rente eingeführt für Menschen, die soundso viele Jahre gearbeitet haben auf Drängen der nationalen SPD. Menschen, die gerne gearbeitet hätten aber schlicht krank waren fallen da unten durch. Mir hat das arbeiten Spaß gemacht und ich würde auch gerne länger als bis 67 Jahre arbeiten, wenn ich noch könnte. Wenn Sie keine Kernkraft wollen, bin ich auch bereit ins Ausland zu gehen, aber ich habe den medizinischen Bescheid: es geht nicht mehr. NachwortWie sozial ist also die nationale SPD dass jene vorzeitig in Rente gehen dürfen, mir aber die Rente auf den Bezug von Wohngeld heruntergekürzt wird. Dabei habe ich mich für die nationale SPD verdient gemacht, indem ich sie in Berlin-Reinickendorf entnazifiziert habe oder wie viele Find-Mich Rause schlummern dort noch unentdeckt? Frei nach der Toyota-Werbung: „Nichts ist unmöglich!" auch ein Naziskandal in der SPD nicht. Wie sieht es also mit einer Wiedergutmachung aus? Es gab ja auch schon einen Tilo Sarrazin in der SPD. Ein Wolfgang Clement steht mir verständlicherweise näher.

Nachwort

Herr Find-Mich Raus hat mich krank gemacht und ich bin den Weg „ganz unten" durch die Psychiatrie gegangen! So sind Nationalsozialisten auch mit anders Denkenden umgegangen. Man muss in Deutschland nicht alles richtig finden, was der Staat Israel

Kegelklub von Teddy Fuchs

macht, aber einen Führergeburtstag auf dem Rücken eines achtjährigen Kindes feiern, das daraufhin aus Angst einnässt – das geht in Deutschland gar nicht. Eine Antwort darauf kann nur der Kegelklub sein, da mir staatliche Hilfe verwehrt wurde wie hier dargelegt.

Als Nachwort folgt hier noch ein Zitat aus der jüdischen allgemeinen:
{{[Anerkennung des Skandals um verschwundene Kinder | Jüdische Allgemeine (juedische-allgemeine.de)](#)
}}

Anerkennung des Skandals um verschwundene Kinder

Das Kapitel um die verschwundenen Kinder jemenitischer Einwanderer aus den ersten Jahren nach Israels Staatsgründung ist eines der tragischsten in der Geschichte des Landes. Am Montag war es Thema einer Knessetsitzung. Dabei wurde beschlossen, dass der Staat den Skandal offiziell anerkannt – sieben Jahrzehnte später. Die Regierung drückt ihr Bedauern über das Geschehene aus und wird Entschädigung an die betroffenen Familien zahlen.

LEID Premierminister Benjamin Netanjahu betonte, dass dies »eins der schmerzlichsten Ereignisse des

Staates Israel ist. Die Zeit ist gekommen, dass die Familien, deren Babys weggenommen wurden, anerkannt werden«. Die finanzielle Abfindung werde das schreckliche Leid nicht wiedergutmachen, das diese Familien durchlitten haben und noch durchleiden. Netanjahu wies den Bildungsminister an, die Affäre in die Schulbücher aufzunehmen.

Vor allem in den Jahren 1948 bis 1954 waren in Israel einige Tausend Säuglinge und Kleinkinder verschwunden, deren Eltern gerade aus dem Jemen und einigen Ländern des Nahen Ostens sowie des Balkan im jungen Staat angekommen waren.

>>Hunderte Kinder wurden bewusst ihren Eltern geraubt<<
MINISTER TZACHI HANEGBI

Schätzungen zufolge sollen es bis zu 5000 Kinder gewesen sein, die vor allem aus den Übergangslagern, in denen die Familien anfangs lebten, geholt wurden und von ihren Angehörigen nie wieder gesehen wurden. Mit Abstand die meisten Betroffenen waren die Neuankömmlinge aus dem Jemen, viele bettelarm und oft mit mehreren Kindern. Mehr als 1050 Familien haben bis heute bei israelischen Behörden deswegen Beschwerde eingelegt.

Mehrere Kommissionen beschäftigen sich in den Jahren nach dem Verschwinden der Kinder mit den Geschehnissen, doch die Zeugenaussagen und Erkenntnisse wurden lange unter Verschluss gehalten. Erst Ende 2016 ist ein Großteil der Unterlagen freigegeben worden. Die Untersuchungen kamen zu dem Schluss, dass die meisten der Babys und Kinder an Krankheiten starben und beerdigt wurden, ohne dass die Eltern darüber informiert wurden oder eine Sterbeurkunde erhielten.

KINDERRAUB Viele jemenitische Juden warfen den israelischen Behörden vor, sie gezielt an kinderlose Juden aus Europa weitergegeben zu haben. Viele Schicksale konnten nie eindeutig geklärt werden. Die Vorwürfe des staatlich organisierten Kinderraubs blieben bestehen. »Hunderte Kinder wurden bewusst ihren Eltern geraubt«, sagte der damals verantwortliche Minister Tzachi Hanegbi nach der Öffnung der Dokumente.

Man müsse mit dem Heilen beginnen, meint Finanzminister Yisrael Katz am Montag, »und die glorreiche Geschichte der jemenitischen Juden anerkennen, die für immer mit der Israels verbunden ist«. 162 Millionen Schekel (umgerechnet rund 40 Millionen Euro) ist für die finanzielle Entschädigung der betroffenen Familien insgesamt angelegt. Einzelpersonen sollen bis zu 50.000 Euro erhalten.

Kegelklub von Teddy Fuchs

Ausblick

Ich habe in Erlangen alleine eine Familienberatung besucht. Frau Fiederle half mir, den Kontakt zu Urs wieder aufzubauen. Bei Knut und Björn hat sie auch kapituliert. Es gibt aber Selbsthilfegruppen für entfremdungsgeschädigte Eltern. Meist sind dies ja die Väter. Die Google-Suche erfolgt daher nach „verlassene Väter"

Feedback

Für Kritik Anregungen und Tipps bin ich dankbar. Bitte an den Verlag oder an mich:

Teddy.fuchs@hotmail.com

Herzlichst Ihr

Dr. Teddy Fuchs

> *Mein Bauch gehört mir bis er 18 Jahre alt ist.*
>
> *Dann gehört aber auch der Samenerguss dem Vater bis er 18 Jahre alt ist.*
>
> *Nein die Kinder gehören niemandem.*
>
> *Leibeigentum und Sklaverei sind in Deutschland abgeschafft. Im Hintergrund steht das Kindeswohl und damit das Recht des Kindes auf BEIDE Eltern!!!*

Gedicht 7 Mein Bauch gehört mir

Anmerkung

Das ganze Umfeld meiner Scheidung erinnert mich an das was ich zur Einstellung in den öffentlichen Dienst gelernt habe. Es könnte sich hier um ein noch aktives Relikt von ehemaligen Stasiseilschaften handeln, die hier zur Tarnung die Nazikeule schwingen. Da werden Ehen von westlich orientierten hoch qualifizierten Personen kaputt gemacht und die Karrieren zerstört. Es wäre mal interessant, was der ehemalige Präsident des Verfassungsschutzes und heutige Vorsitzende der Werteunion Hans-Georg Maßen dazu sagt. Auch meine Stasiakte sollte ich mal einsehen, obwohl die ja nur bis 1989/1990 reicht.

Kegelklub von Teddy Fuchs

Ermahnung an FDP/SPD/Grüne und Linke

Wer den kompletten Ausstieg Deutschlands aus der Kernenergie – einschließlich Transmutation (zum Beispiel im Dual Fluid Reaktor DFR) – und stattdessen die direkte Endlagerung bestehender abgebrannter Brennelemente will, macht sich der bewussten Proliferation schuldig, also den Bau von Atombomben zu ermöglichen in einigen Jahrtausenden im ehemaligen Nazi-Stasi-Deutschland!!!

Ich verweise hier auf einen Vortrag von Rainer Klute (Piratenpartei) in Erlangen, bei dem ich selbst zu Gast war.

Der „letzten Generation" schreibe ich ins Stammbuch, dass Kernenergie CO_2-frei ist, was selbst Greta Thunberg schon eingesehen hat.

Glückliches Händchen

Dem vermutlich neuen Regierenden Bürgermeister Kai Wegner (CDU) wünsche ich ein glückliches Händchen beim Aufräumen in den Jugendämtern nicht nur aber insbesondere in Berlin Reinickendorf. Das Sorgerecht für Väter ist aber ein deutschlandweites Problem. Hier wünsche ich Herrn Bundeskanzler Olaf Scholz das glückliche Händchen.

Kegelklub von Teddy Fuchs

Biografie des Autors

Abbildung 15 Der Autor heute Rollatorfahrer

Teddy Fuchs wurde 1958 in Hamburg geboren und hat dort am 15.06.1977 sein Abitur bestanden. Um dem Wehrdienst zu entgehen hat er in Berlin studiert, was damals unter Viermächte Status stand. Das heißt es durfte keine deutsche Wiederbewaffnung geben. Er studierte Kerntechnik im Vollstudium, was damals noch ein Numerus-clausus-Fach war. (Kerntechnik und Militär beißen sich, da es dann um Atomwaffen geht). Nach dem Studium an der TU-Berlin promovierte Teddy Fuchs mit einem Beitrag zu Siedephänomenen. (Kernreaktorsicherheit, was die Kühlung der Brennstäbe betrifft). Sein Beitrag- mit summa cum laude bewertet-und war kein Plagiat wie bei Frau Franziska Giffey zurzeit noch Regierende Bürgermeisterin von Berlin, fand Eingang in den Reaktorsicherheitscode ATHLET der GRS (Gesellschaft für Anlagen- und Reaktorsicherheit mbH) und als Berechnungsformel im VDI-Wärmeatlas (VDI= Verein Deutscher Ingenieure). Damit waren einer

Kegelklub von Teddy Fuchs

Karriere Tür und Tor geöffnet. Doch Ehefrau Frau Elster wollte es anders. Sie sann nach Scheidung statt Frau Professor zu werden. Nach ihrem Scheidungsantrag gingen wir zu Eheberatungen, unter anderem bei einer Nervenärztin Frau Dr. Neithardt. Sie legte Frau Elster eine nervenärztliche Behandlung nahe, doch sie ging zu einem Psychologen, Herrn Peter Dehling. Durch die Psychotherapie verbesserte sich unsere Ehe zunächst. Aber insgeheim plante sie den Ausbruch aus scheinbar intakter Ehe. Der Rest meines Lebenslaufes steht ja in diesem Buche.

Abbildung 16 In der Familie nennen sie mich einfach Teddy

Nützliche Adressen

Verein für humane Trennung und Scheidung eV
Vhts.de

Wiesbadener Straße 41

14197 Berlin

030 382 70 52

mail@vhts.de

Unter humaner Trennung und Scheidung scheint der Verein nur das Paar zu sehen, nicht aber die Kinder, siehe Romy.

Väteraufbruch für Kinder eV
Postfach 110513

42305 Wuppertal

www.vafk.de

01805 120 120

069 13 39 62 90

bgs@vafk.de

paPPa.com eV
Eltern im Internet

Selbsthilfe Gruppe

http://www.paPPa.com

Facebook-Gruppe:

Kegelklub von Teddy Fuchs
„Väter ohne Rechte"

Selbsthilfegruppen für Trennungseltern

Trennungsväter eV

Trennungsvaeter.de

Hilfe für Verbrechensopfer:

Weißer Ring

Tel. 116006

Es bleibt allerdings zu bezweifeln, ob Väter dort überhaupt Hilfe erhalten.

Vater sein ist nicht schwer

Vater bleiben dagegen sehr

Gedicht 8 Vater sein ist nicht schwer

Regionale Gruppen
Regionale Gruppen findet man zahlreich zum Beispiel in (Matussek, Die vaterlose Gesellschaft: Briefe, Berichte, Essays, 1999) S.344ff

Bund der Steuerzahler eV
Reinhardtstr. 52, 10117 Berlin

030 259396-30

praesident@steuerzahler.de

Kegelklub von Teddy Fuchs

Literaturverzeichnis

Matussek, M. (1999). *Die vaterlose Gesellschaft: Briefe, Berichte, Essays.* Reinbek bei Hamburg: Rowohlt Taschenbuch Verlag ISBN 3-499-60816-2.

Matussek, M. (kein Datum). *Die vaterlose Gesellschaft - Überfällige Anmerkungen zum Geschlechterkampf.* Frankfurt am Main: Rowohlt SBN 3-499-60597-X.

Väteraufbruch für Kinder eV. (28. März 2022). *Väteraufbruch.* Von väteraufbruch.de abgerufen

Wallraff, G. (1985, 2022). *Ganz Unten,,* Kiepenheuer & Witsch zweite Auflage 2022, ISBN: 978 5 462 00325 2

Jüdische Allgemeine online. Abgerufen am 4.1.2023

Witt, M. (11. Juli 2022) *Hochstrittig.org*

Abbildungsverzeichnis

Abbildung 1 Titelbild 1 Rathaus Berlin-Reinickendorf 3
Abbildung 2 Titelbild 2 Kegelbahn des FSV Erlangen Bruck mit freundlicher Genehmigung des FSV. Es kamen nur Björn und Urs zu den Besuchswochenenden. Knut fehlte also beim Kegeln auf das Rathaus Berlin Reinickendorf 3
Abbildung 3 Isabell Varell, Schauspielerin und Moderatorin 23
Abbildung 4 Frau Elster und Herr Fuchs lernten einander 1984 im Tiffany's im Europa-Center Berlin kennen. Wir gingen dann noch auf einen Jasmin Tee zum Japaner 29
Abbildung 5 Knut, Björn und Urs im Urlaub. Die Ähnlichkeit mit Papa Teddy ist doch unverkennbar 31
Abbildung 6 Bernhard Kuckuck wie ich ihn beim Sekt kennen lernte [Genehmigung beim Fotografen beantragt] 36
Abbildung 7 Das Foto für die BZ: Knut ist nur halb zu sehen. Die BZ machte daraus einen Vater Fuchs von zwei Söhnen. 39
Abbildung 8 Die BZ druckte auch ein Foto des demonstrierenden Herrn Fuchs mit dem U-Bahnhof Hallesches Tor im Hintergrund 40
Abbildung 9 Die BZ schrieb aber: Wenn Björn und Urs zu Besuch kommen; vielleicht gehen wir dann in den Zoo - Na klar den Bruder Knut besuchen 41
Abbildung 10 Björn und Urs besuchen mit Vater Teddy Fuchs den Bruder Knut im Zoo Berlin 42
Abbildung 11 Flagge von Grönland 63
Abbildung 12 Mein Cousin Arved veranstaltete zu Beginn der fünften Jahreszeit 2022 eine Büttenrede über die Arktis. War das auch Widerstand gegen die Staatsgewalt? 75
Abbildung 13 Das Hotel Herbst mit Blick in die Moritzstraße und ich demonstrierte eingeklemmt zwischen den Schildern 76
Abbildung 14 Herr Fuchs vor dem Willy-Brandt-Haus 78
Abbildung 15 Der Autor heute Rollatorfahrer 103
Abbildung 16 In der Familie nennen sie mich einfach Teddy 104

Kegelklub von Teddy Fuchs
Abbildung 17 Titelbild Buchrückseite: Demonstration vor dem Möbelhaus Who's Perfect? Herr Fuchs befindet sich im Fahrradständer 117

Grafikverzeichnis

Grafik 1 Media-Tipp 15
Grafik 2 Kinderherz zerrissen zwischen den Eltern 19
Grafik 3 Gerächtigkeit 40

Kegelklub von Teddy Fuchs

Gedichtverzeichnis

Gedicht 1 Lieber guter Jugendamtclan 4
Gedicht 2 Weißt du wieviel Kinder leiden 13
Gedicht 3 Alle meine Kinder schwimmen im Gesetz 67
Gedicht 4 Find-Mich Raus du hast meine Kinder gestohlen 68
Gedicht 5 Alle meine Jugendamt Mitarbeiter 72
Gedicht 6 Ja ja jetzt wird wieder in die Hände gespuckt 73
Gedicht 7 Mein Bauch gehört mir... 99
Gedicht 8 Vater sein ist nicht schwer 106

Stichwortverzeichnis

AfD	Seite 82
Aliabadi	Seite 43, 54
André Brie	Seite 58
Angela Merkel	Seite 82-83
Antifa	Seite 82
Bezirksverordnetenversammlung BVV	Seiten 57, 73
Björn Fuchs	Seiten 10, 27-34, 39, 43, 45, 49, 70, 80, 91, 98
Bundeskriminalam(BKA)	Seite 54
Bundesverfassungsgericht	Seite 54
BündnisAußen/GrünInnen	Seiten 57-58, 100
Bürgerrechtsbewegung Solidarität (BüSo)	Seite 82
Christian Lindner	Seiten 83, 84
Dienstaufsichtsbeschwerde	Seiten 45, 54
Dual Fluid Reaktor (DFR)	Seiten 82, 100
Eckart Werthebach	Seite 60
Eltern-Kind-Entfremdung (PAS)	Seiten 10-12, 14-25, 58, 91
Europäisches Institut für Klima und Energie (EIKE)	Seite 82
FDP	Seiten 70, 79, 82, 100
Find-Mich Raus	Seiten 43, 45, 46, 57, 58, 68, 70, 76-78, 78, 91, 93
Franziska Giffey	Seite 103
Friedrich Merz	Seiten 82-84
Führergeburtstag	Seiten 43, 57, 94

Kegelklub von Teddy Fuchs

Gebhard (Jugendamtmitarbeiterin)	Seiten 43-46
Gerhard Schröder	Seiten 54, 58
Gregor Gysi	Seite 58
Guido Westerwelle	Seiten 79, 82
Hans-Dietrich Genscher	Seite 79
Hans-Georg Maßen	Seite 99
Helmut Schmidt	Seite 77
Ich-steh im-Internet	Seiten 45, 52, 91
Johannes Rau	Seite 63
Joschka (Josef) Fischer	Seite 58-60
Jutta Limbach	Seite 54
Kai Wegner	Seite 100
Klaus Pobereit	Seiten 57, 77
Knut Fuchs	Seiten 10, 27-29, 31-34, 39, 43, 45, 49, 54, 81, 91, 98
Konzentrationslager	Seite 68
Linke	Seiten 57, 58, 100
Manfred Stolpe	Seite 78
Michel Friedman	Seite 68
Oberstaatsanwalt Berlin	Seiten 46, 54
Olaf Scholz	Seite 100
Olaf Schynol,	Seiten 28, 31, 33, 35, 43, 45, 58
Oliver Schruofenegger	Seiten 57-58
Parental Aliénation Syndrome (PAS)	Seiten 10-12, 14-25, 58, 91

Partei der Vernunft (PDV)	Seite 82
Piratenpartei	Seite 100
Proliferation	Seiten 83, 84, 101
Reaktorplutonium	Seite 83
Roman Herzog	Seite 63
Seilschaft der StaSi	Seiten 99, 101
Selbstmordversuch (Björn, Gisela)	Seiten 32, 33, 43, 45, 58
Sorgerecht Art. 6 (2) GG und Bürgerliches Gesetzbuch	Seiten 10, 12, 33, 37, 43, 49, 54, 100
SPD	Seiten 43, 45, 54, 57, 58, 68-70, 74, 76-79, 91, 93, 100
Staatsanwaltschaft Berlin	Seiten 46, 54
Staatssicherheitsdienst (StaSi) der DDR Auslandsabteilung Westberlin (WB)	Seiten 99, 100
Transmutation	Seiten 82, 100
Union	Seite 82, 83, 100
Urs Fuchs	Seiten 27, 28, 31, 34, 39, 43, 45, 49, 57, 70, 81, 91, 98
Waffenplutonium	Seite 83
Widerstand gegen die Staatsgewalt	Seiten 50, 73, 74
Widerstandsrecht Art. 20 (4) GG	Seiten 54, 73
Willy Brandt	Seiten 76
Zentralrat der Juden in Deutschland	Seite 68

Kegelklub von Teddy Fuchs

Kegelklub von Teddy Fuchs

Abbildung 17 Titelbild Buchrückseite: Demonstration vor dem Möbelhaus Who's Perfect? Herr Fuchs befindet sich im Fahrradständer

MIX
Papier aus verantwortungsvollen Quellen
Paper from responsible sources
FSC® C105338